FACULTÉ DE DROIT DE PARIS.

THÈSE

POUR

LE DOCTORAT

PAR

E. MARTEAU

Docteur en droit, Avocat à la Cour de Paris

PARIS

MÉNARD ET DAVID, LIBRAIRES-ÉDITEURS

49, boulevard Saint-Michel

1872

FACULTÉ DE DROIT DE PARIS.

THÈSE

POUR

LE DOCTORAT.

DROIT ROMAIN
DU CONTRAT DE GAGE.

DROIT FRANÇAIS
DES ASSURANCES TERRESTRES.

THÈSE POUR LE DOCTORAT

L'acte public sur les matières ci-dessus sera soutenu le
jeudi 20 juin 1872, à 9 heures

PAR

Émile MARTEAU

Avocat à la Cour d'appel de Paris.

Président, M. RATAUD.

Suffragants :
MM. VALETTE,
DUVERGER,
GIDE, } Professeurs.
BOISSONNADE } Agrégé.

PARIS
MÉNARD et DAVID, LIBRAIRES-ÉDITEURS
49, boulevard Saint-Michel

1872

DROIT ROMAIN.

DU CONTRAT DE GAGE.

Le contrat de gage apparaît, dès les temps les plus anciens, dans la législation des peuples; ainsi il était en usage chez les Hébreux. Le Deutéronome (chapitre XXIV) en a fait l'objet de plusieurs dispositions qui sont ainsi conçues: « ӱ 6. Tu n'accepteras comme gage ni l'une ni l'autre des deux meules qui servent à moudre le blé : ce serait prendre pour gage la vie de ton prochain... ӱ 10. Tu n'entreras pas dans la maison de ton débiteur pour lui enlever quelque gage. ӱ 11. Mais tu resteras dehors, et il t'appportera ce qu'il aura à te donner. ӱ 12. Si ton débiteur est pauvre, tu ne passeras pas la nuit avec son gage. ӱ 13. Mais tu le lui rendras aussitôt le coucher du soleil, afin que, dormant dans son vêtement, il te bénisse, et cela te sera imputé à justice devant le Seigneur ton Dieu.... »

Les Grecs, chez lesquels le commerce et l'industrie étaient très développés, ont fréquemment fait usage du gage comme instrument de crédit. Les prêteurs d'argent et les commerçants s'y faisaient donner en nantissement tantôt des valeurs mobilières, tantôt des valeurs immobilières. L'hypothèque, comme son nom l'indique, et ainsi que le confirme un passage de Cicéron *(Epist. ad Attic., XIII, 56)*, est également d'origine grecque, et il n'est pas douteux, en se référant à l'étymologie même du mot, que l'on ne doive encore faire dériver de cette même civilisation l'usage de l'antichrèse.

A Rome, avant que l'hypothèque n'y fût connue, le débiteur, pour constituer une sûreté réelle à son créancier, avait eu tout d'abord recours à l'aliénation fiduciaire.

L'aliénation fiduciaire consistait, d'abord, dans un transport de la propriété fait selon les modes ordinaires par le débiteur au créancier, puis dans un contrat de fiducie aux termes duquel celui-ci s'engageait, une fois payé, à retransférer la propriété à l'aliénateur. La chose ainsi aliénée s'appelle *fiducia* ou *res fiduciaria*, (Pauli Sent. II, XIII, §§ 5 et 7), et on dit de l'aliénation elle-même qu'elle est faite *pignoris jure* (Gaius, II, § 60). Il est certain qu'une semblable opération mettait le créancier à l'abri de tout risque; mais elle présentait de graves inconvénients pour le débiteur.

En effet, outre qu'elle lui ôtait l'usage de sa chose, elle l'exposait à ne la recouvrer que détériorée par le fait ou la négligence du créancier, même à la perdre, si celui-ci l'avait aliénée avant l'échéance ou nonobstant le paiement. Il y a une certaine ressemblance entre l'aliénation fiduciaire et notre vente à réméré, qui est aussi translative de propriété. Ces deux opérations diffèrent pourtant en ce que dans la vente à réméré, le créancier qui a joué le rôle d'acquéreur, n'a pas le droit de faire des aliénations définitives, opposables au débiteur.

A l'aliénation *fiduciæ causa* succéda bientôt, dans la législation romaine, le *pignus* proprement dit qui ne conférait au créancier, pour sûreté de la créance, que la possession de la chose, la propriété demeurant *apud debitorem*. Le créancier recevait de plus le pouvoir d'aliéner la chose pour le cas où il ne serait pas payé à l'échéance. Il paraît bien que, dans le principe, ce pouvoir devait lui être donné expressément (Gaius, II, § 64), et il lui était défendu, à peine d'être réputé voleur, de se servir de la chose ou de la vendre sans le consentement du débiteur (§ 6, *Instit.*, IV D. XLVII, II). Plus tard le pouvoir d'aliéner la chose devint de la nature du *pignus*, il fut sous-entendu dans le contrat ; du reste, le créancier non payé ne pouvait exercer ce pouvoir qu'à la charge de faire trois dénonciations au débiteur. Enfin les trois dénonciations ne furent plus exigées que dans le cas où en engageant sa chose le débiteur aurait exprimé que le créancier ne pourrait pas la vendre : cette convention *ne distraheretur* n'était pas, comme on le voit, absolument nulle; mais elle n'avait pas l'effet de supprimer pour le créancier le *jus distrahendi*, ce *jus distrahendi* étant dès lors réputé être de l'essence du contrat de gage (Pauli Sent., II, V, § 1; L. 4. D. XIII, VII).

Ce système du *pignus* présentait l'inconvénient d'inutiliser en quelque sorte la chose, puisque le créancier ne devait pas s'en servir, et que le débiteur ne le pouvait, faute de n'en avoir pas la possession. Aussi la plupart du temps le débiteur gardait par devers lui la chose comme locataire du créancier ou comme concessionnaire à précaire. (L. 35, § 1, D., XIII, VII; L. 37, D., XLI, II.)

Le gage est un contrat qui se forme *re*, c'est à dire qu'il n'existe qu'autant que le fait d'une tradition vient se joindre à l'accord des volontés. Le gage diffère du *mutuum*, du commodat et du dépôt, contrats qui, eux aussi, se forment *re*, en ce qu'il présuppose une créance dont il est destiné à garantir le paiement.

C'est un contrat accessoire, et non un contrat principal. Mais le gage diffère encore du *mutuum* seulement
— et non plus du commodat et du dépôt — en ce que
la tradition nécessaire pour que le contrat soit parfait
n'est pas translative de propriété : c'est seulement la
possession qui passe du *tradens* à l'*accipiens*.

Une autre différence du gage avec le *mutuum* est
que l'obligation du créancier gagiste ayant pour objet
un corps certain, il s'ensuit que cette obligation péut
être éteinte par la perte de la chose due, tandis que
la partie obligée *ex mutui datione* étant tenue de fournir une quantité, une somme, il en résulte que, l'objet
ne pouvant pas périr, il ne saurait être question, en
principe, de l'extinction de l'obligation *rei debitæ
interitu.*

Une dernière différence entre le gage et le *mutuum*,
c'est que le gage est un contrat synallamatique impar-
fait, tandis que le *mutuum* est un contrat unilatéral :
et l'obligation unique résultant de ce dernier contrat
est *stricti juris*, tandis que la double action que peut
produire le gage est toujours *bonæ fidei* (§ 28, Inst.
IV, VI).

Enfin, pour terminer notre comparaison entre le
le gage et les divers contrats avec lesquels le gage a

des points de ressemblance, nous dirons que le contrat de gage diffère de l'hypothèque, en ce que celle-ci résulte d'un simple pacte par lequel, sans aucun déplacement de possession, le débiteur peut conférer une sûreté réelle au créancier.

De là cette différence signalée par Ulpien entre le gage et l'hypothèque : « *Proprie* pignus *dicimus quod ad creditorem transit :* hypothecam, *cum non transit, nec possessio ad creditorem* (L. 9 § 2, D., XIII, VII). A côté de cette différence rapportée par Ulpien et reproduite par Justinien dans ses Institutes (§ 7 *in fine De action.*), on peut en montrer plusieurs autres ; mais, à vrai dire, elles se rattachent toutes à la première. Nous signalerons seulement les deux différences suivantes :

1° Le créancier qui a reçu une chose en gage, s'il vient à perdre la possession, peut immédiatement intenter l'action quasi-servienne ou hypothécaire contre le détenteur actuel, quand bien même sa créance ne serait point encore exigible (L. 14, pr., D., XX, I). Au contraire le créancier simplement hypothécaire, n'ayant pas droit à la possession tant que l'exigibilité n'est pas arrivée, ne peut pas actionner le détenteur de la chose. (L. 5 § 1, D. XX, VI).

2° La même chose ne peut pas être engagée à plusieurs créanciers, de manière à garantir à la fois plusieurs dettes. Elle peut au contraire être hypothéquée à plusieurs.

Le gage et l'hypothèque ont un caractère commun dont nous nous occuperons plus loin, et qui est l'indivisibilité.

Un autre point de contact entre le gage et l'hypothèque est mentionné par Justinien : *Inter pignus autem et hypothecam, quantum ad actionem hypothecariam attinet, nihil interest.* C'est aussi en se plaçant à ce point de vue que Marcien (L. 5, § 1, D. XX, I) a pu dire : *Inter pignus autem et hypothecam tantum nominis sonus differt.*

Malgré l'introduction de l'hypothèque à Rome, le gage continua à être fréquemment employé. Il devait en effet se maintenir, parce que donnant au créancier l'avantage de la possession, il lui assurait la ressource des interdits, le dispensait d'exercer l'action hypothécaire ou en délaissement, et en fait le garantissait, s'il s'agissait d'une chose mobilière, contre tout acte de disposition par lequel le débiteur aurait pu la faire disparaître. En outre l'hypothèque avait un grand inconvénient : c'était le défaut de publicité qui ne permettait pas à une personne voulant prêter sur hypothèque de connaître si d'autres créanciers avaient déjà des droits semblables. Cependant, en Grèce, l'hypothèque n'était pas occulte : pour hypothéquer un immeuble, on y plaçait un écriteau (ὅρος) indiquant le montant de la dette et le nom du créancier *(Plutarque, Vie de Solon; Démosthènes, 1ᵉʳ plaidoyer contre Aristogiton; plaidoyer contre Spudias).*

Nous divisons la matière du contrat de gage en quatre parties : 1° de la formation du contrat de gage; 2° de l'étendue et des effets de ce contrat; 3° des actions qui appartiennent au créancier gagiste et au débiteur; 4° de l'extinction du contrat de gage.

CHAPITRE 1er.

DE LA FORMATION DU CONTRAT DE GAGE.

Il faut, pour la formation du contrat de gage, comme dans tout contrat, un objet et des parties contractantes ; mais de plus, le gage étant un contrat accessoire, il faut une obligation principale. Nous ne dirons rien du consentement des parties ni de la translation de la possession : nous renvoyons sur ces deux points aux règles générales des obligations et de la tradition.

§ 1.

DES CHOSES QUI PEUVENT FAIRE L'OBJET DU CONTRAT DE GAGE.

Le gage peut porter sur tout ce qui est dans le commerce. *Quod emptionem venditionemque recipit*, dit Gaius (L. 9, § 1, D. XX, I), *etiam pignerationem recipere potest*. Nous concluons de là que toutes les choses mobilières ou immobilières, corporelles ou incorporelles, qui ne sont pas frappées d'inaliénabilité, peuvent être valablement données en gage. Cependant le même Gaius (L. 238, § 2, D. L, XVI) nous apprend que, à cause de l'étymologie même du mot *pignus*, certains jurisconsultes pensaient que les choses mobilières peuvent seules constituer le gage : *Pignus appellatur a pugno : quia res, quæ pignori dantur, manu traduntur : unde etiam videri potest, verum esse quod quidam putant, pignus proprie rei mobilis constitui.* Tout ce que l'on peut inférer de cette loi, c'est qu'à l'origine on ne donnait en gage que des effets mobiliers. Alors que le préteur n'accordait pas les interdits pour garantir la possession, les créanciers ne devaient pas facilement accepter un immeuble en gage. Quand les créanciers gagistes eurent, non seulement les interdits, mais même une action pour recouvrer la possession s'ils venaient à la perdre, il n'y avait plus de raison pour que les immeubles ne fussent pas donnés en gage aussi bien que les meubles. La loi 31, au Digeste *De pignoribus et hypothecis*, prouve qu'aux temps de la jurisprudence classique la constitution de gage portait même tant sur les immeubles dont on avait le *dominium ex jure Quiritium* que sur ceux que l'on avait simplement *in bonis* : Scœvola suppose, en effet, dans cette loi qu'un *fundus vectigalis* est donné en gage par le possesseur.

Paul nous dit (L. 16, § 2, D., XIII, VII) que : *Non etiam vectigale prædium pignori dari potest, sed et superficarium : quia hodie utiles actiones superfi-*

ciariis dantur. Ces derniers mots paraissent prouver que c'est après avoir donné l'action *in rem* utile au preneur de l'*ager vectigalis* que le préteur l'a accordée au superficiaire. Marcien (L. 13, § 3, D. XX, I) montre aussi que le droit de superficie pouvait être remis en gage. Il en était de même pour le droit d'usufruit (L. 11, § 2, D. XX, I), mais non pas pour le droit d'usage La position de l'usager se distinguait de celle de l'usufruitier et de celui qui avait l'*habitatio*, en ce que l'usager devait user de la chose par lui-même, tandis que les autres avaient la faculté de remettre l'exercice de leurs droits à un tiers.

Le propriétaire d'un fonds dominant ne peut jamais engager isolément, c'est-à-dire sans le fonds, le droit de servitude qui lui appartient (L. 16, D., VIII, I) : c'est la conséquence nécessaire de la règle que le droit de servitude, une fois constitué au profit du fonds, ne peut être détaché de ce fonds pour être appliqué à un autre. Seulement le propriétaire d'un immeuble peut convenir avec son créancier que celui-ci, non payé à l'échéance, aura le droit de constituer une servitude sur ledit immeuble au profit d'un voisin, de manière à obtenir son paiement au moyen du prix de cette constitution. Suivant Marcien (L. 11, § 3, D., XX, I), pour une servitude urbaine la convention dont il s'agit n'est pas possible ; au contraire, pour une servitude rustique, Pomponius et Paul l'admettent en raison de son utilité pratique (L. 12, D., *cod. tit.*). Cette différence entre les servitudes urbaines et les servitudes rustiques réside dans ce fait qu'en général une servitude urbaine à constituer sur tel immeuble ne peut pas convenir à un grand nombre de voisins : il serait à craindre que le créancier non payé à l'échéance, s'il mettait en vente une pareille servitude, ne trouvât pas d'enchérisseurs. Au contraire on comprend qu'une servitude de passage ou d'aqueduc sur tel fonds de terre puisse présenter une grande utilité pour un certain nombre de voisins.

Une créance peut être remise en gage. Cette constitution de gage (*pignus nominis*) permet au créancier, à qui elle est faite, de vendre la créance et de se payer sur le prix. S'il le préfère, il peut, au moyen d'une action utile, exiger le paiement du débiteur de la créance donnée en gage (L. 4, C., VIII, XVII). Une fois payé, si la dette a pour objet de l'argent, il le garde jusqu'à concurrence de son droit ; si elle a pour objet une autre chose, il acquiert sur cette chose les droits d'un gagiste (L. 18 *pr.*, D., XIII, VII).

Un droit de gage peut aussi faire l'objet d'un contrat de gage. C'est là le *pignus pignori datum* qu'on désigne encore par les mots de *sub pignus* (L. 13, § 2, D., XX, I).

La chose d'autrui même peut être donnée en gage. Et d'abord, le contrat sera valable à l'égard de tous, si le propriétaire y a adhéré, ou s'il l'a ratifié postérieurement (L. 20, *pr.*, D., XIII, VII; L. 16, § 1, D., XX, I). Si le propriétaire n'a donné ni consentement ni ratification, le contrat de gage n'en vaudra pas moins entre le débiteur et le créancier (L, 9, § 4, D., XIII, VII), et le propriétaire conservera l'action en revendication contre le créancier en possession de sa chose. Ce dernier, s'il a su que la chose à lui remise n'appartenait pas à son débiteur, n'aura aucun recours; s'il l'a ignoré au contraire, au moyen d'une action *pigneratitia contraria*, il se fera indemniser par son débiteur : celui-ci est en outre exposé à une poursuite extraordinaire, *stellionatus nomine*, lorsqu'il a sciemment livré comme sienne une chose qui ne lui appartenait pas (LL. 16, § 1 et 36, § 1, D., *cod. tit.*).

Qu'arrivera-t-il si le débiteur devient, postérieurement au contrat de gage, propriétaire de cette chose? Papinien (L. 1 *pr.*, D. XX,I) distingue entre le créancier gagiste qui possède et le créancier gagiste qui ne possède pas. Au premier, à qui un droit de rétention suffit, il le lui donne sans difficulté et dans

tous les cas. Au second, à qui une action est nécessaire, le jurisconsulte ne la lui accorde qu'autant qu'il
a été de bonne foi. On a prétendu que la décision de
Papinien n'avait pas été admise par Paul et que les
empereurs Dioclétien et Maximilien avaient, dans une de
leurs constitutions, consacré l'avis de ce dernier jurisconsulte. Les textes (L. 41, *in initio*, D. XIII, VII ;
L. 5, C. VIII, XVI), il est vrai, donnent action au
créancier gagiste sans faire aucune distinction; mais
ils ne prouvent pas que la circonstance de la bonne
foi du créancier ne doive être sous-entendue.

Si l'on suppose, au contraire, que le propriétaire
est devenu l'héritier du constituant, Modestin donne
au créancier gagiste une action utile (L. 22, D., XX, I):
Paul la lui refuse, à moins que le propriétaire lui-
même *convenerit de pignore* (L. 41, D., XIII, VII).
On admet généralement, pour expliquer cette restric-
tion de Paul, que le propriétaire a contribué à faire
croire au créancier que la chose appartenait au constituant.

Eam rem, nous dit Marcien dans la loi première,
§ 2, au Digeste, *Quæ res pignori, quam quis emere
non potest, quia commercium ejus non est, jure pignoris accipere non potest, ut D. Pius Claudio Saturnino
rescripsit. Quid ergo si prædium quis litigiosum pi-*

gnori acceperit? an exceptione summovendus sit? Et Octavenus putabat, etiam in pignoribus locum habere exceptionem : quod ait Scævola lib. 3 variarum quæstionum procedere, ut in rebus mobilibus exceptio locum habeat. Ce que nous disons dans cette loi touchant la prohibition de l'aliénation et de la remise en gage des biens litigieux n'est pas complétement exact. Nous avons en effet plusieurs textes qui affirment que les biens litigieux pouvaient être engagés. C'est d'abord une loi de Gaius (L. 18, D., VI, I) qui s'exprime en ces termes : *Si post acceptum judicium possessor usu hominem cepit, debet eum tradere, eoque nomine de dolo cavere : periculum est enim, ne eum vel pigneraverit, vel manumiserit.* Il résulte bien de ce texte qu'une chose litigieuse peut être aliénée et même donnée en gage, puisque le possesseur d'un esclave qu'il a usucapé pendant le procès est obligé de donner la caution *de dolo* au demandeur, pour le cas où l'esclave aurait été affranchi ou remis en gage. A l'objection faite par Accurse que la caution *de dolo* était inutile par suite de la prohibition de constituer un gage sur un bien litigieux et de l'aliéner, Cujas (tome IV, *prior pars,* p. 230, C) répondait que cette prohibition n'existait pas *jure civili,* mais seulement *jure prætorio;* qu'en conséquence l'acquéreur ou le créancier gagiste serait repoussé par une exception s'il voulait agir, mais ne pourrait être inquiété s'il était en possession. Une autre interprétation se tire d'une observation qu'on a faite depuis la découverte du Commentaire des Institutes de Gaius et d'un passage extrait d'un palimpseste de Vérone. Ce dernier texte forme le § 8 d'un fragment *De jure fisci*, et est ainsi conçu : *Qui contra edictum divi Augusti rem litigiosam a non possidente comparavit, præterquam quod emptio nullius momenti est, pœnam quinquaginta sestertiorum fisco repræsentare compellitur.* Le § 117 *in fine* du Commentaire IV de Gaius est écrit dans le même sens : *Item si fundum litigiosum sciens a non possidente emeris, eumque a possidente petas, opponitur tibi exceptio, per quam omnimodo summoveris.* Du rapprochement de ces textes avec la loi 18, au Digeste *De rei vindicatione*, loi que nous citons plus haut et qui est aussi empruntée à Gaius, on a conclu que la défense d'aliéner ou de donner en gage la chose litigieuse s'adresse seulement au revendiquant (non possesseur) et non au défendeur (possesseur).

considérée *in concreto*. La faute considérée *in abstracto*
c'est l'omission des soins qu'apporte habituellement à
ses affaires un *bonus paterfamilias*. La faute considérée
in concreto, c'est l'omission des soins que le débiteur
lui-même apporte habituellement dans ses propres
affaires. D'après Ulpien (L. 1, § 2, D., IV, III),
qui rapporte la définition de Labéon, le dol est *omnis
calliditas, fallacia, machinatio ad circumveniendum,
fallendum, decipiendum alterum adhibita*. Les jurisconsultes romains avaient admis que la faute lourde,
la *culpa lata*, doit être assimilée au dol, de sorte que
le débiteur déclaré responsable de son dol doit par
là même être considéré comme répondant également
de sa faute lourde (L. 1, § 5 *in fine*, D., XLIV, VII ;
L. 32, D. XVI, III). Mais que faut-il entendre par
cette faute lourde ? Cela signifie l'omission des soins
que prennent même les hommes les moins attentifs :
comme le dit Ulpien, *lata culpa est nimia negligentia,
id est non intelligere quod omnes intelligunt* (L. 213,
§ 2, D., L, XVI).

Un débiteur qui, d'après la nature du contrat, doit
répondre même de la faute légère, peut valablement
convenir qu'il n'en répondra pas, qu'il répondra seulement de son dol; et réciproquement, celui qui,
d'après la nature du contrat ne doit répondre que de

Documents manquants (pages, cahiers...)

F Z 43-120-13

repoussé par une exception s'il voulait agir, mais ne pourrait être inquiété s'il était en possession. Une autre interprétation se tire d'une observation qu'on a faite depuis la découverte du Commentaire des Institutes de Gaius et d'un passage extrait d'un palimpseste de Vérone. Ce dernier texte forme le § 8 d'un fragment *De jure fisci*, et est ainsi conçu : *Qui contra edictum divi Augusti rem litigiosam* a non possidente *compara-vit, præterquam quod emptio nullius momenti est, pœnam quinquaginta sestertiorum fisco repræsentare compellitur.* Le § 117 *in fine* du Commentaire IV de Gaius est écrit dans le même sens : *Item si fundum litigiosum sciens a non possidente emeris, eumque a possidente petas, opponitur tibi exceptio, per quam omnimodo summoveris.* Du rapprochement de ces textes avec la loi 18, au Digeste *De rei vindicatione*, loi que nous citons plus haut et qui est aussi empruntée à Gaius, on a conclu que la défense d'aliéner ou de donner en gage la chose litigieuse s'adresse seulement au revendiquant (non possesseur) et non au défendeur (possesseur).

considérée *in concreto*. La faute considérée *in abstracto* c'est l'omission des soins qu'apporte habituellement à ses affaires un *bonus paterfamilias*. La faute considérée *in concreto*, c'est l'omission des soins que le débiteur lui-même apporte habituellement dans ses propres affaires. D'après Ulpien (L. 1, § 2, D., IV, III), qui rapporte la définition de Labéon, le dol est *omnis calliditas, fallacia, machinatio ad circumveniendum, fallendum, decipiendum alterum adhibita*. Les jurisconsultes romains avaient admis que la faute lourde, la *culpa lata*, doit être assimilée au dol, de sorte que le débiteur déclaré responsable de son dol doit par là même être considéré comme répondant également de sa faute lourde (L. 1, § 5 *in fine*, D., XLIV, VII; L. 32, D. XVI, III). Mais que faut-il entendre par cette faute lourde ? Cela signifie l'omission des soins que prennent même les hommes les moins attentifs; comme le dit Ulpien, *lata culpa est nimia negligentia, id est non intelligere quod omnes intelligunt* (L. 213, § 2, D., L, XVI).

Un débiteur qui, d'après la nature du contrat, doit répondre même de la faute légère, peut valablement convenir qu'il n'en répondra pas, qu'il répondra seulement de son dol; et réciproquement, celui qui, d'après la nature du contrat ne doit répondre que de son dol peut valablement convenir qu'il répondra de sa faute. Mais un débiteur ne peut jamais convenir qu'il ne répondra pas de son dol. (L. 23, D. L, XVII). En l'absence de conventions spéciales, le débiteur tenu d'une action *stricti juris* ne répond que de la faute *in committendo*; mais le débiteur tenu d'une action *bonæ fidei* répond de sa faute *in omittendo* aussi bien que de sa faute *in committendo*, c'est-à-dire que dans les contrats d'où résulte une action de bonne foi, le débiteur répond, suivant les cas, de son dol seulement, ou de son dol et de sa faute considérée *in abstracto*, ou de son dol et de sa faute considérée *in concreto*. Lorsqu'il s'agit d'un débiteur qui rend à l'autre partie un service purement gratuit, il n'est responsable que de son dol. Lorsqu'il s'agit d'un débiteur qui est intéressé dans le contrat formé avec le créancier, ce débiteur répond de son dol et de sa faute généralement appréciée *in abstracto*. Enfin, lorsque l'opération est intéressée de la part du débiteur et que de plus ce débiteur est co-propriétaire de la chose due, il répond alors de sa faute appréciée *in concreto*.

Dans ce système, qui est celui de M. Hasse, le créancier gagiste est responsable de sa *culpa in committendo* et de sa *culpa in omittendo* considérée *in abstracto*. On peut s'appuyer pour soutenir ce système surdeux fragments d'Ulpien qui forment l'un le § 1 de la loi 13 au Digeste *De pigneratitia actione*, l'autre la fameuse loi *Contractus* (L. 23, D., L, XVII). Cependant un texte de Gaius (L. 18 *pr. in fine*, D. XIII, VI) rend le créancier gagiste responsable de sa faute légère considérée *in concreto*. D'après ce texte, en effet, lorsque le commodat intervient, non pas dans l'intérêt seulement du commodataire mais dans l'intérêt des deux parties, on peut dire que le commodataire répond de sa faute, *ut ita culpæ fiat ætimatio, sicut in rebus pignori datis et dotalibus æstimari solet*. Or, dans la théorie des fautes que nous avons exposée, la faute du mari qui est propriétaire des choses dotales, est apprécié *in concreto*, parce que jusqu'à un certein point on peut considérer le mari comme étant copropriétaire avec sa femme. Le texte de Gaius, s'il fallait l'accepter tel que nous le trouvons au Digeste, contredirait donc notre système ? Nous pensons qu'il n'en est rien et que Gaius, au lieu de *pignori datis*, avait écrit *fiduciæ datis*. Cette supposition est très vraisemblable, puisqu'à l'époque où Gaius vivait, l'aliénation avec fiducie était encore en usage pour constituer un gage. Les commissaires de Justinien, chargés de réviser les décisions des anciens jurisconsultes et de les mettre en harmonie avec le droit nouveau, ne se sont pas aperçus des conséquences qui résultaient de la substitution du mot *pignori* au mot *fiduciæ,*

Le créancier gagiste doit donc apporter des soins à la conservation de la chose; et faire pour cela les dépenses qui seront nécessaires. Pour se faire rembourser à l'échéance par son débiteur, il a non seulement le droit de rétention, mais encore l'action *pigneratitia contraria* (L. 8 *pr.,* D. XIII, VII). S'il laisse le gage se détériorer, il devra indemniser son débiteur : et comme les détériorations ne sont pas toutes appréciables au moment même de la restitution, Ulpien nous dit que *de dolo debet debitori repromittere ; et si prædium fuit pigneratum, et de jure ejus repromittendum est, ne forte servitutes, cessante uti creditore, amissæ sint* (L. 15, D. XIII, VII).

Lorsque le créancier, en vendant la chose à l'échéance, a dû consentir à l'acheteur la *stipulatio duplæ* pour le cas où il viendrait à être évincé, il a un recours à cet égard contre le débiteur, si, comme le dit Ulpien (L. 22 § 4, D., XIII, VII), *sine dolo et culpa sic vendidit, et ut paterfamilias diligens id gessit.* Mais, en ce cas, il n'a le droit de réclamer que le montant de ses déboursés ; s'il demandait en plus les intérêts, Tryphoninus déclare qu'il serait repoussé par l'exception de dol, *quia habuit usum pecuniæ pre-*

tii quod ab emptore acceperat. Cependant, si l'acheteur avait stipulé ces intérêts pour le cas d'éviction, le créancier pourrait recourir contre le débiteur, puisque le défaut de recours le constituerait en perte (L. 23, D., XIII, VII).

En ce qui concerne les fruits de la chose engagée, le droit commun est que le créancier peut les prendre, mais à la charge de les imputer sur le montant de ce qui lui est dû. (L. L. 1, 2 et 3, C. IV, XXIV). Il peut, d'ailleurs, être convenu, au moment où la chose est donnée en gage, que le créancier prendra les fruits pour lui tenir lieu d'intérêts. Nous avons alors un contrat aléatoire qu'on appelle *antichrèse*. Marcien suppose que la convention d'antichrèse a été ainsi ajoutée au contrat de gage lorsqu'il dit : *si pecuniam debitor solverit, potest pigneratitia actione uti ad reciperandam* ἀντίχρησιν : *nam, cum pignus sit, hoc verbo poterit uti.* (L. 33, D. XIII, VII). Du reste, il est généralement admis qu'il pourrait y avoir antichrèse indépendamment d'un contrat de gage proprement dit (L. 11. § 1, D. XX, I). Enfin, pour que le créancier gagiste ait le droit de prendre en bloc tous les fruits *pro usuris*, il n'est pas même indispensable qu'on l'ait dit expressément : il peut y avoir une clause d'antichrèse tacite. C'est, du moins, ce que paraît indiquer le jurisconsulte Paul : *Cum debitor gratuita pecunia utatur, potest creditor de fructibus rei pignoratæ ad modum legitimum usuras retinere.* (L. 8, D. XX, II). On suppose que, dans ce texte, les mots *ad modum legitimum* ont été ajoutés par Tribonien : l'antichrèse, en effet, étant un contrat aléatoire, ne comporte pas une limitation du taux des intérêts. (LL. 14 et 17, C. IV, XXXII).

CHAPITRE III.

DES ACTIONS QUI APPARTIENNENT AU CRÉANCIER GAGISTE ET AU DÉBITEUR.

Les obligations qui résultent du contrat de gage sont sanctionnées par deux actions, dont l'une appartient au débiteur et l'autre au créancier gagiste. Chacune de ces actions porte le nom d'*actio pigneratitia*; mais la première qui a surtout pour objet la restitution de la chose, est qualifiée *actio directa*, parce qu'elle est l'effet immédiat et nécessaire du contrat; tandis que l'action, qui appartient au créancier gagiste et qui peut naître *ex post facto* pour garantir une obligation dont se trouverait tenu le débiteur, est qualifiée *actio contraria*, parce qu'elle est précisément l'inverse de l'action *pigneratitia directa*.

Cette dernière action peut être intentée non-seulement à l'effet d'obtenir la restitution de la chose lorsque le montant de la dette a été compté au créancier, mais encore à l'effet d'obtenir de lui l'excédant de la valeur de la chose sur le montant de la dette, lorsque, non payé à l'échéance, il a procédé à la *distractio pignoris* (L. 42, D., XIII, VII).

Le créancier gagiste peut intenter l'action *pignera-titia contraria*, s'il a fait des dépenses nécessaires à la conservation de la chose, si par suite d'une faute imputable à celui qui a donné la chose en gage, elle a causé un préjudice à celui qui l'a reçue (L. L. 8*pr.* et 31, D., XIII, VII) ; enfin s'il se trouve que la chose donnée en gage était une *res aliena* ou une chose déjà hypothéquée à un tiers (L. 16 § 1, D., *eod. tit*).

— Lorsque la chose a été volée, le créancier gagiste a l'action *furti*, quand bien même le débiteur serait solvable ; car il vaut mieux avoir une chose avec laquelle on peut se payer que d'être obligé de s'adresser à la personne du débiteur (§ 14, Inst., IV, I). Ulpien admet, d'ailleurs, que l'action *furti* appartiendrait également au propriétaire : *datur utrique, quia utriusque interest* (L. 12 § 2, XLVII, II) ; mais, en ce cas, le créancier ne peut intenter l'action que jusqu'à concurrence du montant de sa dette. S'il l'intentait pour la valeur même de la chose, *pignoratitia actione,* nous dit Paul (L. 15 *pr.* D., *De furtis*), *id quod debitum excedit debitori præstabit.* Dans cette hypothèse, il semble bien que le débiteur ne pourrait pas de son côté exercer l'action *furti.* Si la chose engagée avait été volée deux fois, quoique le créancier eut, après le premier *furtum,* intenté l'action *furti* et obtenu le montant intégral de sa créance, il pourrait encore intenter la même action, après le deuxième *furtum*, lorsque ce dernier lui serait imputable à faute. Dans cette hypothèse, en effet, le créancier gagiste se trouve soumis à l'action *pigneratitia directa* : il a donc intérêt à intenter l'action *furti* (L. 14 § 6, D., *cod. tit.*).

Lorsque la chose engagée a été dérobée par le propriétaire lui-même comme il commet un *furtum possessionis*, il est tenu de l'action furti (Gaius, III, § 200; § 10, Inst., IV, I). En ce cas le créancier n'aura rien à restituer au débiteur de ce qu'il aura obtenu par cette action. Papinien le dit formellement dans la loi 79 au Digeste, *De furtis*, et Ulpien reproduit cette décision dans la loi 22 pr., au Digeste *De pigneratitia actione*. Gaius a formulé le principe d'une manière générale : *Quod a quoquo pœnæ nomine exactum est, id eidem restituere nemo cogitur* (L. 46, D., L, XVII.)

Nous avons dit qu'à l'origine la possession du créancier n'était pas garantie contre les tiers. Plus tard le préteur lui donna les interdits : l'interdit *uti possidetis*, s'il était troublé dans sa possession ; l'interdit *unde vi*, s'il était expulsé par violence ; l'interdit *utrubi*, dans ces deux cas, si la chose donnée en gage était une chose mobilière. Mais le créancier gagiste n'eut une action que lorsque l'hypothèque eut été introduite dans la législation romaine. Le préteur donna, alors, au profit du créancier hypothécaire pour qu'il put faire valoir ses droits, une action qui fut appelée *quasi Servienne*, parce qu'elle avait été créée à l'imitation de l'action *Servienne* qui existait déjà au profit du bailleur d'un fonds rural pour le paiement de ses fermages. Cette action quasi-Servienne fut ensuite accordée au créancier pour recouvrer la possession de la chose qu'il a reçue en gage. Aussi voyons-nous dans les textes qui sont insérés au Digeste et au Code que l'action prétorienne donnée au créancier pour faire reconnaître son droit de gage ou d'hypothèque est appelée indifféremment *quasi Serviana, hypothecaria* ou *pigneratitia in rem* (L. 13 § 1, D. XVI, I; L. L. 13 § 4 et 16, § 3, D., XX, I; L. 6, C. VIII, XVI).

CHAPITRE IV.

DE L'EXTINCTION DU CONTRAT DE GAGE.

Le contrat de gage s'éteint par voie de conséquence ou d'une manière principale.

Il prend fin par voie de conséquence, lorsque le créancier est payé et plus généralement toutes les fois que la dette, dont le contrat de gage n'est que l'accessoire, s'éteint elle-même, soit *jure civili*, soit *jure prætorio* (L. 43, D.. XLVI, III). Mais ce résultat suppose une extinction absolue, c'est-à-dire portant sur la totalité de la dette, et ne laissant subsister aucune obligation naturelle.

Par voie principale, ou en d'autres termes nonobstant la survie de la dette; l'extinction du contrat de gage résulte des causes suivantes : 1° perte de la chose; 2° vente de la chose après l'échéance; 3° renonciation du créancier; 4° confusion; 5° résolution du droit du constituant; 6° prescription.

1° *Perte entière de la chose. Sicut re corporali extincta* dit Marcien (L. 8 pr., D., XX, VI), *ita et usufructu extincto, pignus hypothecave perit.* Ainsi le contrat de gage prend fin à la mort de l'usufruitier qui qui avait donné en gage la chose sur laquelle portait son droit d'usufruit. De même legage, qui porte sur un droit d'emphythéose ou de superficie, s'éteint par le défaut de paiement de la redevance (L. 31, D., XX, I). Si un incendie détruit la maison qui a été donnée en gage, le créancier gagiste conserve son droit sur ce qui reste, c'est-à-dire sur le sol et les matériaux ; et si des possesseurs de bonne foi reconstruisent une nouvelle maison sur l'emplacement de celle qui a été incendiée, ce nouveau bâtiment sera encore affecté au gage du créancier (L. 29 § 2, D. XX, I). Mais ici se présente une difficulté. Paul, dans la loi que nous venons de citer, décide que les possesseurs de bonne foi qui ont acheté le terrain de la maison brûlée ne pourront être forcés de restituer la nouvelle maison, si le créancier ne leur rembourse pas les dépenses qu'ils ont faites jusqu'à concurrence de la plus-value. Le jurisconsulte Africain, dans la loi 44, § 1, au Digeste. *De damno infecto*, décide au contraire que l'acheteur, qui fait réparer la maison, ne peut demander au créancier de lui rembourser les dépenses faites. Pour concilier ces deux textes Cujas dit que dans la loi de Paul il s'agit de la reconstruction de la maison et qu'en ce cas sans les dépenses de l'acheteur la maison n'existerait pas ; tandis que dans la loi d'Africain il est question de réparations, et qu'en ce cas sans les dépenses la maison existerait encore. On a objecté à cette explication de Cujas que, si on n'avait pas fait de réparations, la maison serait tombée. Deux autres explications ont été proposées : ou bien Africain parle du remboursement total des dépenses faites pour la reconstruction, alors que Paul décide simplement que le créancier-gagiste ne doit pas s'enrichir aux dépens des possesseurs de bonne foi; ou bien il y a réellement contracdiction entre Paul et Africain, ce dernier n'admettant en aucune façon le remboursement de l'acheteur qui n'était pas forcé d'acheter sans exiger une garantie de son vendeur.

D'après ce que nous venons de dire, on voit que le droit de gage, contrairement à l'usufruit (§ 31, Sentent. Pauli, III, VI), ne s'éteint par la transformation de la chose. Cependant Paul (L. 18, § 3, D. XIII, VII), rapporte et approuve la décision de Cassius par laquelle ce jurisconsulte reconnaît que si une forêt avait été donnée en gage, le créancier gagiste ne pourrait exercer son droit de gage sur le navire construit avec du bois provenant de cette forêt, à moins qu'à la convention, *ut silva sibi pignori esset,* on n'ait ajouté *quæque ex silva facta natave sint.*

2° *Vente de la chose après l'échéance.*

3° *Renonciation du créancier.* On n'exige ici aucune solennité de formes. La renonciation peut être expresse aussi bien que tacite : elle est toujours supposée dans le cas où le créancier permet au débiteur d'aliéner ou simplement de vendre la chose donnée en gage sans réserver expressément son droit. (L. 9, § 3, D. XIII, VII; L. L. 4, § 1 et 8, § 1, D. XX, VI). Gaius, dans la loi 7 *in principio* au Digeste *Quibus modis pignus*, fait remarquer que cette renonciation ne peut émaner que d'une personne capable, et que, par exemple, le pupille ne saurait la consentir sans l'*auctoritas tutoris.* Le même Gaius (L. 27, *pr.*, D.; IX, IV) nous indique aussi un cas de renonciation tacite du créancier gagiste. Il suppose qu'un créancier, tenu d'une action noxale à raison du délit commis par l'esclave donné en gage, a refusé de défendre à cette action. Le magistrat devra refuser à ce créancier toute action tendant à la poursuite de son gage, et ajoute Gaius : *Quo casu dici potest, ipso jure pignus liberari : nullum enim pignus est, cujus persecutio negatur.*

4° *Confusion.* Lorsque le créancier gagiste acquiert la propriété du gage, ou lorsque le débiteur succède aux droits du créancier, il est bien certain que le gage est éteint. Toutefois le gage subsistera si la créance n'est pas éteinte.

5° *Résolution du droit du constituant.* A l'origine l'arrivée d'une condition résolutoire ne conférait à celui au profit de qui elle se réalisait qu'une action personnelle pour obtenir la restitution de la chose. Il en résultait que les droits des tiers, acquis avant que la condition se fût accomplie, ne subissaient aucune atteinte. Plus tard on en vint à accorder au propriétaire originaire, une action *in rem* qui lui permit de recouvrer la propriété pleine et entière de sa chose dégagée de tous les droits consentis *in medio tempore* par le propriétaire sous condition. C'est Ulpien qui fut le principal promoteur de cette doctrine; nous en voyons l'application faite par ce jurisconsulte lui-même dans différents textes du Digeste (L. 41 *pr.*, D., VI, I; L. 13 *pr.*, D. XIII, VII; L. 4 § 3, D. XVIII, II; L. 3, D., XX, VI; L. 29, D., XXXIX, VI). La majorité des jurisconsultes professait une opinion contraire à celle d'Ulpien. Se conformant en cela à l'ancien droit, ils ne croyaient pas que la propriété pût être transférée *ad tempus*. Ainsi, suivant l'opinion commune, dans l'hypothès ed'une donation à cause de mort, si la propriété avait été transférée au donataire par la tradition émanée du donateur, il fallait pour que la propriété revînt à celui-ci qu'à son tour il se fît faire tradition : tant que cette deuxième tradition n'avait pas eu lieu, le donateur qui voulait reprendre la chose ne pouvait pas employer la revendication, il n'avait qu'une action personnelle contre le donataire, une *condictio*. Ulpien, au contraire, admettait que celui qui faisait tradition de sa chose pouvait efficacement convenir que la propriété qu'il avait transférée lui reviendrait par celaseul que tel événement se serait produit. Il paraît bien que c'est l'opinion d'Ulpien qui a prévalu. En effet, nous lisons dans le paragraphe 283, *Fragmenta Vaticana*, que Dioclétien repoussait formellement cette doctrine : *Si stipendiorum proprietatem dono dedisti ita ut, post mortem ejus qui aecepit, ad te rediret, donatio irrita est, cum ad tempus proprietas transferri nequiverit.* Or, cette Constitution, en passant dans le Code de Justinien, a été modifiée comme il suit : *Si rerum tuarum proprietatem dono dedisti ita ut, post mortem ejus qui accepit, ad te rediret, donatio valet : cum etiam ad tempus certum vel incertum ea fieri potest, lege scilicet quæ ei imposita est conservanda* (L. 2, C., VIII, LV ; voir aussi la loi 26, C., VI, XXXVII).

Dès lors qu'il est admis que l'arrivée de la condition résolutoire a pour effet de transporter de plein droit la propriété à celui qui a stipulé cette condition, il n'est pas douteux que le droit de gage constitué par le propriétaire sous condition résolutoire ne se trouve nul lorsque la condition s'accomplit. Ulpien, dans la loi 4 § 3, au Digeste, *De in diem addictione*, et dans la loi 3, au Digeste, *Quibus modis pignus*, rapporte à cet égard l'opinion conforme de Marcellus.

6° *Prescription.* — Le créancier gagiste ne peut acquérir le gage par la prescription, puisque la possession *civilis ad usucapionem* reste chez le débiteur. Mais le créancier gagiste qui a été payé et n'a pas restitué le gage peut-il être indéfiniment menacé de l'action *pigneratitia directa?* en d'autres termes ne peut-il pas se soustraire à cette action au moyen d'une prescription libératoire? Les lois 10 et 12, au Code, *De pigneratia actione*, déclarent formellement que les créanciers ou leurs ayants-cause ne pourront se prévaloir de la prescription contre leurs débiteurs réclamant les choses qu'ils ont autrefois données en gage. *Nec creditores, nec qui his successerunt, adversus debitores pignori quondam res nexas petentes, reddita jure debiti quantitate, vel his non accipientibus, oblata et consignata*

*et deposita : longi temporis præscriptione muniri pos-
sunt unde intelligis, quod, si originem rei probare
potes, adversario tenente vindicare dominium de-
bes...* (L. 10, C. IV, XXIV). Des derniers mots de
cette loi on a pourtant induit qu'il ne s'agissait pas de
l'action *pigneratitia directa*, mais d'une action en revendication, et qu'en conséquence le créancier gagiste
bénéficiait de la prescription libératoire au cas où le
débiteur ne pouvait fournir la preuve de sa propriété
Nous pensons que les mots *originem rei* ne signifient
pas que le débiteur doit prouver l'origine de sa propriété ; ces mots signifient simplement que le débiteur, pour exercer l'action *pigneratitia directa* à l'effet
de se faire restituer le gage qu'il a donné, est obligé
de démontrer que l'objet réclamé est bien celui qui a
été engagé. Il ne nous paraît pas possible, d'aillleurs,
d'admettre en faveur du créancier gagiste la prescription libératoire de l'action *pigneratitia directa* devant
les termes formelles de la loi 12 (C., IV, XXIV), qui
est ainsi conçue : *Quo minus fructuum, quos creditor
ex rebus obligatis accepit, habita ratione, ac residuo
debito soluto, vel si per creditorem factum fuerit, quo
minus solveretur, (oblato, et consignato et deposito,)
pignora quæ in eadem causa durant, restituat debitori :
nullo spatio longi temporis defenditur.*

DES
ASSURANCES
TERRESTRES.

DES
ASSURANCES TERRESTRES [1]

CHAPITRE 1ᵉʳ.

HISTORIQUE ET PRINCIPES GÉNERAUX.

Le contrat d'assurance était inconnu des anciens. Rien, du moins, n'en atteste l'existence dans les monuments juridiques et littéraires qui sont parvenus jusqu'à nous.

Tite-Live (liv. XXIII, chap. XLIX) rapporte bien que la République prit à sa charge les pertes que les ennemis ou les tempêtes feraient éprouver aux fournisseurs chargés de transporter en Espagne, lors de

---

(1) Dans l'étude que nous entreprenons, nous ne traitons pas des assurances sur la vie, bien que ces dernières assurances doivent, sans aucun doute, être comprises sous la dénomination d'assurances terrestres. Mais, à raison de la nature particulière du contrat d'assurance sur la vie, et, par suite, à raison des règles spéciales auxquelles il est soumis, nous en faisons une troisième catégorie de la matière des assurances. En conséquence, les assurances que nous qualifions de terrestres sont toutes les assurances autres que les assurances maritimes et les assurances sur la vie.

la seconde guerre punique, les vivres et les vêtements nécessaires à l'armée des deux Scipions ; et plus loin (liv. XXV, chap. III) le même auteur ajoute que, quelques années après, on fit le procès à des fournisseurs qui, profitant de cette clause de leur marché, avaient supposé de faux naufrages.

On lit aussi, dans une lettre de Cicéron au pro-questeur Salluste (*Lettre* CCLXXI), que l'orateur romain, ayant pris du butin sur l'ennemi dans une expédition en Cilicie, se propose de prendre à Laodi-dicée des répondants pour les deniers publics qu'il doit envoyer à Rome, afin que le peuple romain et lui n'aient aucun risque à courir dans le transport.

Enfin Suétone nous apprend (Histoire des douze Césars, liv. V, chap. XIX) que, dans un moment de disette, Claude offrit à ceux qui amèneraient du blé à Rome des bénéfices considérables et qu'il se char-gea en outre des pertes que les tempêtes pourraient occasionner pendant le cours du voyage.

Mais il nous paraît impossible de voir, dans ces différents textes, autre chose qu'une convention acces-soire à un contrat de vente ou de transport, c'est-à-dire une simple clause par laquelle une partie prend à sa charge des risques qui auraient dû, en droit

commun, rester au compte de l'autre partie contrac-
tante. Or une vente aux risques et périls de l'acheteur n'est certainement pas une assurance.

Les lois romaines qui contiennent beaucoup d'exem-
ples de ces sortes de stipulations, ne fournissent aucun
texte d'où l'on puisse induire sérieusement l'existence
du contrat d'assurance. Nous sommes donc fondés à
dire que ce contrat n'était pas connu dans l'antiquité.
Il serait en effet bien surprenant que, si l'assurance
avait été pratiquée chez les Grecs et les Carthaginois,
les Romains ne l'eussent pas aussi connue, et que le
Digeste ne contînt rien sur une pareille matière, alors
qu'il y est traité du contrat à la grosse.

— Ce n'est qu'au XVIIᵉ siècle que l'on voit appa-
raître l'assurance terrestre. Cependant on trouve à
une époque très reculée, le germe de l'assurance
mutuelle contre l'incendie. On rencontre, en effet, dans
l'ancienne Scandinavie des sociétés désignées sous le
nom de *ghildes* dont les membres se promettaient secours et appui contre tous les périls et tous les grands
accidents de la vie. Un article (art. 29), tiré du statut
de la ghilde d'Éric-le-Bon, roi de Danemark, contient
la disposition suivante : « Le convive (c'était ainsi que
s'appelaient ceux qui faisaient partie d'une ghilde),
dont la partie antérieure de la maison, c'est-à-dire la

cuisine, où le poêle, ou le grenier avec ses provisions, aura brûlé, recevra trois deniers do chacun de ses frères. »

Néanmoins, bien qu'il soit hors de doute que ces sortes d'associations aient existé, non seulement dans la péninsule scandinave, mais encore dans les pays germaniques, bien qu'il soit même certain qu'elles ont donné naissance aux *confréries* du moyen âge, il est plus probable que c'est dans les assurances maritimes pratiquées dès le XIIe siècle que se trouve la véritable origine des assurances terrestres. Mais il est difficile de préciser l'époque à laquelle elles ont été mises en pratique. Tout ce que l'on peut affirmer c'est que les premières sociétés d'assurances terrestres ont été fondées en Angleterre, où une compagnie d'assurances contre l'incendie fut établie à Londres, en 1684, sous le nom de *Friendly society fire office*. Dans le dernier siècle des établissements semblables furent créés en Hollande, en Prusse, dans les villes Hanséatiques, en Suède, aux États-Unis.

En France, l'assurance terrestre parut vers le milieu du XVIIIe siècle. Pothier *(Traité du contrat d'assurance, n° 3)*, nous apprend qu'une des compagnies d'assurance maritimes, établie à Paris, obtint, en 1754, le privilège d'assurer aussi les immeubles contre l'incendie. Valin nous dit même que cette compagnie, formée par acte d'association du 29 janvier 1750, fut renouvelée en 1753 et qu'elle fixât alors son fonds par réduction à 9 millions.

En 1786, deux arrêts du Conseil, des 20 août et 6 novembre, autorisèrent deux nouvelles sociétés de cette nature. Ces compagnies furent dissoutes par la Révolution : elles se trouvaient comprises dans la suppression des compagnies financières, ordonnée par les décrets des 26 germinal et 17 vendémiaire an II, et dont la liquidation fut prescrite par décret du 29 messidor de la même année.

Durant la longue période de nos guerres européennes, les entreprises financières ne pouvaient se développer. En 1809, une société d'assurances mutuelles contre la grêle tenta vainement de s'établir dans plusieurs départements du midi. Cependant il est à croire que des projets d'établissement de compagnies d'assurances avaient déjà été proposés, car le décret du 18 septembre 1811, qui organisa le corps des sapeurs-pompiers pour la ville de Paris, porte (art. 43) que les frais en seront supportés par la ville, *jusqu'à l'établissement d'une compagnie d'assurance contre l'incendie*. Plus tard lorsque de pareilles compagnies s'organisèrent, on reconnut que cette charge, qui, sous l'ancien régime, était le prix d'un privilége, ne pouvait être imposée sous l'empire d'un nouvel ordre de chose. Ce ne fut que sous la Restauration que le système des assurances terrestres s'établit définitivement en France. La première société, celle des assurances mutuelles pour les immeubles, fut fondée à Paris en 1816. D'autres sociétés furent bientôt après autorisées sur les mêmes bases dans divers départements. En 1819 parurent les compagnies d'assurances à primes : les deux premières furent, la Compagnie d'Assurances Générales et la Compagnie française du Phénix. En 1820 fut autorisée la Compagnie Royale qui s'appelle aujourd'hui La Nationale.

Il ne faut donc pas s'étonner si, lors de la rédaction de nos Codes, le législateur s'est borné, dans le Code de commerce, à parler de l'assurance maritime, et s'il a complétement omis les autres espèces d'assurances.

Mais aujourd'hui que de nombreuses compagnies existent en France, et ont organisé des combinaisons diverses d'assurances contre l'incendie des immeubles et des meubles, contre la mortalité des bestiaux et sur la vie des hommes, et enfin contre bien d'autres risques, l'absence d'une législation spéciale sur une matière aussi grave et qui donne lieu journellement à tant de difficultés, est une lacune que le législateur devrait se hâter de remplir. Il serait surtout nécessaire, selon nous, qu'une loi vint déclarer d'une manière générale, ainsi que l'a décidé d'une manière spéciale la loi du 28 mai 1858 (art. 10), relative aux marchandises déposées dans les magasins généraux, que l'idemnité due à l'assuré en cas de sinistre est, comme le prix de vente, la représentation de la chose détruite; que la créance de la prime est privilégiée, et, enfin, que l'assureur est subrogé légalement à tous les droits et actions de l'assuré contre les auteurs ou garants du sinistre. La raison de la nécessité d'une loi sur ces trois points particulièrement est que, dans l'état actuel de notre législation, l'équité est blessée par l'application des principes de droit commun, qui conduisent à des solutions contraires à celles que nous réclamons.

En attendant que le législateur ait parlé, ce n'est pas seulement par les principes généraux du droit et par les règles essentielles au contrat d'assurance, qu'il faut décider les nombreuses contestations que soulève l'interprétation des diverses polices d'assurances, mais c'est aussi par quelques dispositions que l'analogie permet d'emprunter à la loi sur les assurances maritimes.

On comprend, d'ailleurs, que la plus grande partie

des dispositions du Code de commerce relatives aux assurances maritimes ne peut, à raison de la différence dans les risques et dans la situation des parties, être appliquée aux assurances terrestres. Ce n'est donc que quelques principes généraux, quelques règles d'équité formulées en dispositions légales qu'on peut emprunter au Code de commerce, lequel, du reste, ne renferme pas de dispositions sur les assurances mutuelles.

La Prusse, l'Autriche, l'Espagne même, et d'autres nations encore, ont, dans leurs codes, consacré des dispositions spéciales aux assurances terrestres.— En France, nous n'avons à signaler que deux projets de loi sur les assurances terrestres, l'un qui fut présenté en 1834 au Conseil d'Etat, et l'autre qui fut soumis en 1837 au Conseil supérieur du commerce et de l'agriculture.

— On a longtemps discuté sur la nature du contrat d'assurance ; on a cherché à le faire rentrer dans la classe de quelques autres contrats connus. Ainsi Pothier (*Traité du contrat d'assurance, n° 4*) en fait une espèce de contrat de vente, et son opinion est conforme à celle de la Rote de Gênes (*Rotæ Genuæ Decisio 3, n° 28; Dec. 39, n° 9*); d'autres auteurs enseignent que c'est un contrat de société, de louage, de mandat.

Ces qualifications qu'on fait dériver des caractères principaux de l'assurance, n'ont pas une exactitude assez complète pour qu'elles puissent être admises. Il est plus vrai de dire que l'assurance est un contrat *sui generis* ayant sa nature propre et ses caractères particuliers.

L'assurance est bien un contrat consensuel et synallagmatique comme les contrats auxquels on l'a assimilé, mais à la différence de ceux-ci c'est un contrat qui est toujours aléatoire.

En tant qu'aléatoire l'assurance se rapproche beaucoup du pari. Il existe cependant entre ces deux contrats des différences assez notables pour que la loi ait accordé sa sanction à l'assurance, alors qu'elle la refuse au pari (art. 1964 et 1965, Code civil.)

Le contrat d'assurance n'est certainement pas une gageure pour l'assuré, puisqu'il a pour objet, non de lui procurer un profit, mais de le garantir contre un désastre possible, et de lui assurer, par l'indemnité éventuellement promise, la réparation du dommage qu'il pourra éprouver. Quant à l'assureur on comprendrait difficilement son engagement dans un pareil contrat, s'il n'y avait au fond qu'un simple pari. Aussi le prix de l'assurance n'est pas basé sur l'éventualité d'un événement pris au hasard et se rapportant à un objet isolé, mais au contraire sur des chances plus ou moins étendues que devra courir l'assureur, chances que l'on peut déterminer d'une façon à peu près certaine à l'aide du calcul des probabilités.

Enfin l'assurance diffère de la vente, du louage, de la société et du mandat, en ce qu'elle est essentiellement un contrat d'indemnité ; d'où nous tirons cette conséquence que l'assuré doit toujours avoir intérêt à la conservation de la chose qui fait l'objet de l'assurance.

— Le contrat d'assurance est, suivant nous, toujours *civil* de la part de l'assuré ; à l'égard de l'assureur, il est tantôt *civil*, tantôt *commercial*. Nous reviendrons plus loin sur cette distinction.

CHAPITRE II.

DES DIVERS MODES D'ASSURANCE.

Les assurances terrestres sont contractées par des sociétés et non par des particuliers isolés. Ce n'est pas que des conventions d'assurance consenties par ceux-ci ne soient valables, mais de telles opérations ne peuvent devenir avantageuses que lorsque celui qui les entreprend dispose d'un capital considérable ; ce qui n'est guère possible qu'à une société.

Les sociétés d'assurances peuvent s'organiser sous toutes les formes de sociétés reconnues par la loi. Il n'y a plus aujourd'hui que les associations de la nature des tontines et des sociétés d'assurances sur la vie, mutuelles ou à primes, qui soient soumises à l'autorisation et à la surveillance du gouvernement (art. 21 et 66, loi du 24 juillet 1867). Toutefois un réglement d'administration publique détermine les conditions sous lesquelles les autres sociétés d'assuran-ces peuvent être constituées (décret du 22 janvier 1868).

On distingue deux espèces de sociétés d'assurances: les sociétés d'*assurances à primes*, auxquelles on donne plus généralement le nom de *compagnies* et les sociétés d'*assurances mutuelles*.

L'assurance à prime est celle dans laquelle un des contractants, appelé *assureur*, se charge envers l'autre, qui est l'*assuré*, moyennant une valeur convenue, appelée *prime*, du risque des cas fortuits, auxquels la chose de ce dernier est exposée, et s'oblige, en conséquence, à l'indemniser de la perte que ces cas fortuits pourraient lui faire éprouver.

L'assurance mutuelle est celle dans laquelle plusieurs individus, exposés aux mêmes risques, se réunissent pour les mettre en commun, en s'obligeant à supporter, proportionnellement à leur intérêt, le préjudice éprouvé par chacun d'eux, et jouent ainsi le rôle d'assureurs et d'assurés.

Dans l'assurance à prime, l'assuré paie, au moment du contrat, on s'engage à payer plus tard une somme fixe, qu'il y ait ou qu'il n'y ait pas de sinistre. Dans l'assurance mutuelle, il n'y a point de somme fixe à payer, si ce n'est le prix convenu des salaires et des frais d'administration. On attend que les accidents arrivent ; ce n'est que lorsqu'ils sont arrivés, qu'on évalue le dommage, et qu'on distribue la somme à laquelle il s'élève, par contribution au marc le franc sur la masse des valeurs assurées, en faisant supporter à chaque associé une part proportionnelle à la valeur de l'objet qu'il a fait assurer. Ainsi le sacrifice que chacun fait pour être assuré, au lieu d'être une certaine somme d'argent à forfait, comme dans l'assurance à prime, consiste dans l'engagement qu'il prend de contribuer aux pertes des autres. Mais la quotité de ce sacrifice n'est incertaine que dans la limite du maximum de la contribution sociale fixé par les statuts pour chaque sociétaire : si les pertes dépassent les sommes produites par les portions contributives ainsi limitées, les assurés sont indemnisés au centime le franc des dommages éprouvés. Ce sacrifice même est éventuel dans son existence; puisqu'à la rigueur il peut se faire qu'aucune des propriétés comprises dans l'assurance mutuelle n'éprouve de sinistres.

Ces deux modes d'assurances ont chacun des avantages et des inconvénients qui leur sont propres. Cependant la préférence nous semble devoir être accordée aux assurances à primes. Nous ne contestons pas les résultats favorables que produisent quelquefois les assurances mutuelles, seulement nous ferons remarquer que ces résultats tiennent à des circonstances indépendantes du mode d'assurance. Ainsi nous reconnaissons parfaitement que l'assurance des immeubles situés à Paris par la société mutuelle immobilière est plus avantageuse que l'assurance de ces mêmes immeubles par les compagnies à primes ; mais cela provient de ce que la société mutuelle des immeubles de Paris n'assure pas les risques locatifs. Il suit de là que, comme dans presque toutes les maisons de Paris il y a des locataires et que ces locataires assurent généralement leurs risques locatifs, le nombre des incendies qui reste à la charge de la société d'assurances des immeubles de Paris est peu considérable : de sorte que, si, par exemple, cette société paie un million à ses assurés, les compagnies d'assurances à prime lui remboursent souvent 800 mille francs. Quant aux bénéfices que les sociétés d'assurances mutuelles paraissent parfois procurer à leurs assurés, ce ne sont que des remboursements de sommes qui ont été avancées par ceux-ci et qui leur sont rendues dans le cas où le fonds de réserve constitué pour suppléer à l'insuffisance de la cotisation annuelle , dépasse une certaine somme fixée par les statuts de la société.

— Les assurances mutuelles ne sont pas des opérations commerciales. Les associés, en effet, n'ont aucun but de spéculation et ne peuvent même dans aucun cas faire aucun bénéfice : ils échangent seulement entre eux la garantie des pertes qui peuvent frapper leurs propriétés. Peu importe que la société ait été constituée par actions et qu'elle ait été appelée anonyme, c'est un principe de droit commercial que, pour décider si une société est civile ou commerciale, il faut considérer le but de la société, et non la forme ou la qualification que lui ont donnée les parties (Cour de Paris, 2 mai 1850).

Il a même été jugé qu'une société d'assurances mutuelles contre les faillites n'est pas commerciale, alors même que les associés seraient commerçants, qu'une caisse de réserve aurait été créée, et que, soumise à l'autorisation du gouvernement comme contractée dans la forme anonyme, elle n'aurait pas obtenu cette autorisation (Cour de cassation, chambre civile, 8 février 1860. — Voir aussi un arrêt de la Cour de Paris du 27 janvier 1854).

Les compagnies d'assurances à prime, au contraire, ont toujours un caractère commercial. En stipulant de l'assuré le paiement d'une prime fixe et en s'engageant vis-à-vis de lui à l'indemniser en cas de sinistre, les compagnies courent des chances de perte ou de gain, et ne traitent que dans l'espérance de réaliser un bénéfice : elles font donc un acte de commerce. C'est ce que déclare formellement l'article 633 du Code de commerce, relativement aux assurances maritimes. Or, la raison de décider, en ce qui concerne l'assureur, est absolument la même quand il s'agit d'assurances terrestres.

— De ce que les compagnies d'assurances à prime ont un caractère commercial, il en résulte que, à la différence des sociétés d'assurances mutuelles, elles sont sujettes à la patente (art. 13, 5° et 17, loi du 25 avril 1844).

— On a proposé à plusieurs reprises d'introduire en France le régime de l'assurance générale et forcée ou impôt d'assurance ; mais cette proposition a été rejetée par l'Assemblée nationale en 1848 et par l'Assemblée législative en 1850. Sous le second empire on avait aussi songé à faire, des bénéfices procurés par les assurances, une des ressources du budget, en substituant l'Etat aux compagnies particulières. La question fut discutée aux Tuileries ; mais elle fut bientôt abandonnée devant cette considération, présentée par M. Cornudet, conseiller d'Etat, que l'établissement d'un tel impôt aurait pour résultat certain de fournir une arme terrible aux adversaires du gouvernement en leur donnant la pensée de faire naître les incendies dans une telle proportion que l'Etat, loin de faire des bénéfices, pourrait éprouver des pertes sérieuses (1). Nous ajouterons, sans examiner les autres objections qui s'élèvent en grand nombre contre ce mode d'assurance, que les incendies volontaires ne sont pas seulement à craindre de la part des adversaires d'un gouvernement, mais qu'il faut encore les redouter de la part de tous ceux (et le nombre en est grand) qui ne croient pas être coupables en fraudant l'Etat et qui n'éprouveraient aucun scrupule de tenter de s'enrichir à ses dépens, fût-ce même en mettant le feu à leurs propres maisons.

(1) Nous tenons ce détail de M. Gautet, chef du contentieux à la Compagnie d'Assurances Générales. Nous devons encore à M. Gautet beaucoup d'autres indications qui nous ont guidés dans notre inexpérience en matière d'assurances. Nous lui en exprimons ici toute notre reconnaissance.

CHAPITRE III.

DE LA CAPACITÉ ET DE LA QUALITÉ DES PARTIES AU CONTRAT D'ASSURANCE.

Capacité de l'assureur. — Nous savons que les assurances terrestres sont toujours faites par des sociétés, et nous connaissons à quelles conditions est soumise la constitution des compagnies d'assurances. Pour compléter l'examen de la capacité de l'assureur, il ne nous reste plus que quelques mots à dire sur l'assurance qui serait contractée entre Français et étrangers.

On n'a jamais douté que les Français ne pussent être assureurs à l'égard des étrangers, même pour des choses existantes hors de France. Mais on a agité la question de savoir si les étrangers pouvaient assurer en France. La solution de cette question n'a jamais fait difficulté par rapport aux assurances maritimes, bien que le Code de commerce n'ait pas reproduit la disposition de l'ordonnance de 1681 (liv. 3, tit. 6, art. 1) qui accordait expressément aux étrangers la faculté d'assurer et de faire assurer en France. Cette suppression, en effet, n'a eu pour cause que l'inutilité de la disposition dont il s'agit, laquelle est suffisamment suppléée par les règles du droit commun formulées dans les articles 14, 15 et 16 du Code civil. Il n'y avait donc aucune raison de ne pas admettre pour les assurances terrestres le principe consacré en matière d'assurances maritimes. Cependant, le gouvernement ayant reconnu aux étrangers le même droit d'assurer qu'aux Français, de vives réclamations lui furent adressées par des compagnies françaises, afin qu'il interdît aux compagnies étrangères d'assurer en France. Mais ces réclamations n'eurent aucun résultat, et ce fut avec raison que l'administration refusa de reconnaître le système de monopole que voulaient exercer les compagnies françaises. « La vraie maxime, dit Montesquieu, est de n'exclure aucune nation de son commerce sans de grandes raisons. » (Esprit des lois, liv. XX, chap. IX). Il faut donc tenir pour constant que les étrangers peuvent assurer en France comme les nationaux eux-mêmes, à la seule condition, toutefois, de se conformer aux règles et aux formalités prescrites par la loi française.

— Une autre question, qui ne nous semble pas non plus devoir donner lieu à un doute sérieux, est celle de savoir si les sujets de deux nations en état de guerre peuvent être les uns à l'égard des autres, assureurs et assurés. Le Code de commerce, de même que l'ordonnance de 1681, est muet sur ce point. Le Guidon de la mer, plus explicite, avait, dans ce cas, formellement prohibé l'assurance ; c'était aussi le système suivi par l'ordonnance des Pays-Bas de 1570. Le Code espagnol de 1829 (art. 885) déclare aussi nulles ces sortes d'assurances.

Cela se comprenait pour les assurances maritimes, avant la déclaration du congrès de Paris du 16 avril 1856 portant abolition de la course, alors qu'en cas de guerre, le brigandage sur mer était permis et encouragé ; et cela se comprend encore pour les assurances maritimes contractées avec des sujets de nations qui n'ont pas adhéré à la déclaration du congrès de Paris. Il est incontestable, ainsi que l'ont démontré Corbyn Morris et Samuel Marshall, auteurs anglais qui ont traité de cette question, qu'il est non-seulement impolitique, mais encore tout à fait illicite d'assurer, la propriété de son ennemi, puisque ce serait pouvoir l'assurer contre des captures que l'assureur lui-même et ses concitoyens peuvent être en droit de faire. Mais sur terre, où l'état de guerre comporte généralement des usages un peu moins barbares, et où le brigandage est interdit par les principes du droit des gens, rien ne s'oppose à ce qu'on reconnaisse la validité de l'assurance faite entre des sujets de deux nations belligérantes.

Capacité de l'assuré. — Il faut évidemment que l'assuré ait la capacité générale de contracter pour pouvoir valablement s'engager par une convention d'assurance. A son égard, il n'y a pas lieu, suivant nous, d'examiner si l'assurance terrestre est commerciale ou non : elle ne peut jamais être considérée que comme un contrat civil. Lors même que c'est un commerçant qui fait assurer les objets de son commerce, nous ne pouvons voir en lui qu'un propriétaire qui pourvoit à la conservation de sa chose. Cependant la jurisprudence se prononce toujours dans un sens contraire à notre opinion. C'est ainsi que la cour de cassation, qui avait déclaré, dans un arrêt rendu par la Chambre civile le 28 avril 1852, qu'un maître de poste faisant assurer ses chevaux à une compagnie à prime ne fait point en cela un acte de commerce, a décidé par un autre arrêt de la Chambre civile en date du 24 janvier 1865 que l'assurance contre des accidents de voitures, souscrite à une compagnie à prime par un entrepreneur de transport, a le caractère d'un acte de commerce se rattachant à l'entreprise commerciale de l'assuré (Dans le sens de ce dernier arrêt : Cour de Paris, 24 janvier 1864; Tribunal civil de la Seine, 2 mai et 14 novembre 1865, 8 mars 1866, 15 juillet 1869, 14 janvier 1870, 29 juillet 1871 ;

et enfin la jurisprudence constante du Tribunal de commerce de la Seine).

— L'assurance étant un acte d'administration peut être valablement contractée par un mineur émancipé (art. 481, Code civil).

Si c'est un mineur non émancipé qui a contracté une assurance sans l'autorisation de son tuteur, quels en seront les effets? D'abord il est certain que l'assureur ne pourra opposer la nullité du contrat, puisque les nullités fondées sur l'incapacité des personnes sont purement relatives et ne peuvent être invoquées que par ceux au profit de qui elles sont établies (Art. 1125 c.-civ.) L'assureur, en cas de sinistre, ne pourrait donc exciper de l'incapacité du mineur pour refuser de l'indemniser. Au contraire, lorsque l'assureur réclame l'exécution du contrat et le paiement de la prime, nous pensons que le mineur ne peut s'y refuser. En effet le mineur ne peut, en principe, attaquer les actes qu'il a passés sans l'autorisation de son tuteur qu'autant qu'il en est lésé (art. 1305, Code civil). Or le contrat d'assurance, étant aléatoire de sa nature, n'est pas susceptible de rescision pour cause de lésion; il doit donc être maintenu, à moins que l'assureur n'ait agi avec mauvais foi.

—La nullité de l'assurance contractée par un interdit n'est pas douteuse; mais elle doit être entendue dans le sens de l'art. 1125 du Code civil, c'est-à-dire qu'elle ne peut être invoquée par l'assureur.

— La femme marchande publique peut présenter valablement à l'assurance les objets de son commerce; la femme mariée sous le régime dotal peut faire assurer ses biens paraphernaux; l'assurance est encore permise à la femme séparée de biens. Dans ces diverses circonstances, elle a le droit de faire des actes d'administration; mais l'autorisation de son mari, ou, à défaut, celle de la justice, lui est nécessaire pour poursuivre l'exécution de la police. Hors les cas dont nous venons de parler, si une femme fait assurer ses biens mobiliers ou immobiliers sans l'autorisation de son mari, le contrat est nul, lors même qu'il serait certain que l'assurance est, de la part de la femme un acte de prudence et de bonne administration (art. 1124, C. civ.); mais cette nullité étant purement relative, elle ne peut être invoquée que par la femme, le mari, ou les héritiers de la première (art. 225, C. civ.).

Qualité de l'assuré. — Il ne suffit pas, pour qu'une assurance puisse recevoir son exécution, que celui qui l'a souscrite ait été légalement capable; il faut de plus qu'il ait eu qualité pour passer cet acte, et qu'il l'ait actuellement pour en réclamer les effets. La qualité nécessaire se résume dans un intérêt à l'assurance. Si cet intérêt n'existait pas, soit au jour du contrat, soit au jour du sinistre, le contrat d'assurance ne serait qu'une véritable gageure. En effet, l'assuré ne peut ni se faire garantir ce qu'il n'a pas, ni recevoir l'indemnité de ce qu'il n'a pas perdu. C'est pour cette raison que l'art. 332 du Code de commerce exige que la police mentionne la qualité de propriétaire, ou de commissionnaire représentant du propriétaire. Toutefois, s'il faut, pour stipuler une assurance, avoir un intérêt au contrat, il n'est pas nécessaire d'avoir un droit absolu à la propriété; il suffit d'avoir des droits sur la chose, d'être intéressé à sa conservation. Ce principe présente dans l'application de nombreuses difficultés.

— Le propriétaire de la chose soumise au risque a évidemment qualité pour la faire assurer, et, par suite, le mandataire légal ou conventionnel du propriétaire a aussi cette qualité. Ainsi, le tuteur peut présenter à l'assurance les biens du mineur ou de l'interdit; mais ce n'est pas une obligation pour le tuteur. Toutefois si, par exemple, il avait cru une assurance contre l'incendie nécessaire ou utile, et qu'en cas d'incendie, toute indemnité lui eut été refusée, faute par lui d'avoir payé exactement les primes, il serait responsable envers son pupille du montant de l'indemnité. C'est ce qu'a reconnu un arrêt de la Cour de Besançon du 1er avril 1863.

Le mandataire qui a des pouvoirs généraux est, par cela seul, autorisé à contracter une assurance.

Dans une société civile les administrateurs désignés par les parties ou par la loi ont seuls qualité pour assurer. Il en est de même des gérants dans les sociétés commerciales : les gérants sont, en effet, les mandataires de l'associé.

Le mari, dans les cas où la loi lui donne l'administration des biens de sa femme, a qualité pour les faire assurer.

Le commissionnaire peut faire assurer pour le compte d'un commettant désigné, *pour compte de la personne qui sera nommée, pour compte de qui il appartiendra.*

— En général, les compagnies stipulent que le changement de propriétaire de la chose assurée dera leur être notifié et qu'elles pourront, en ce cas, résilier la police, mais que, faute de cette déclaration, aucune indemnité n'est due en cas de sinistre. Si la police d'assurance ne contenait aucune disposition à cet égard, l'aliénation de la chose assurée transporterait-elle le bénéfice de l'assurance au nouveau propriétaire? Il nous paraît incontestable que le contrat d'assurance serait rompu par l'aliénation de la chose assurée. En effet, si l'assuré aliène la chose, il ne pourra pas demander l'indemnité, puisqu'il ne sera plus, au moment du sinistre, propriétaire de la chose assurée; comment concevoir dès lors que la compagnie puisse lui demander le paiement de la prime, tandis qu'elle n'est tenue à rien envers lui? Elle ne pourra pas non plus demander la prime au nouveau propriétaire, puisque celui-ci n'aura pas contracté l'obligation de la payer, et que l'assurance sera à son égard, *res inter alios acta;* et s'il n'est point tenu au paiement de la prime, comment la compagnie pourra-t-elle être tenue envers lui au paiement de l'indemnité? L'assuré subrogerait-il le nouveau propriétaire à l'utilité de l'assurance, et lui imposerait-il l'obligation de payer la prime? mais il ne lui est pas permis de lier ainsi la compagnie, qui prenant en considération dans les contrats la personne avec laquelle elle traite, n'est pas tenue d'accorder à un tiers la confiance qu'elle donnait à l'assuré originaire; et si l'assureur n'est pas lié par cette subrogation envers le nouveau propriétaire, comment celui-ci le serait-il envers l'assureur?

Cependant, il a été décidé que l'assurance, faite par

l'acheteur de l'objet assuré à une époque où il était en instance pour obtenir la résiliation de la vente, est valable et que, dès lors, elle oblige l'assureur en cas de sinistre, même postérieur à la résolution du contrat (Cour de cassation, chambre des requêtes, 11 février 1868). Cette décision se fonde sur ce que l'acheteur est réputé avoir agi en qualité de *negotiorum gestor* de son vendeur (art. 1375, Code civil).

C'est dans le même sens que la Cour dè Pau avait déjà jugé (27 août 1836) que l'adjudicataire d'un immeuble exproprié pouvait, en qualité de propriétaire, contracter une assurance, et que si l'expropriation était annulée, le saisi qui rentrait dans ses biens pouvait profiter des droits que la police avait fait acquérir à l'adjudicataire.

— L'acquéreur avec pacte de rachat est un véritable propriétaire tant que le vendeur n'exerce pas le réméré : il a donc qualité pour faire assurer la chose qu'il a achetée. Lorsque l'assurance a été faite, par le vendeur, avant la vente à réméré, la question de savoir si les bénéfices et les charges de l'assurance passent à l'acheteur se présente comme dans le cas d'une aliénation ordinaire, puisque la vente à réméré est une aliénation immédiate, faite seulement sous condition résolutoire.

—L'assurance, avons-nous dit, peut être stipulée par qui-conque a intérêt à la conservation de la chose, et non pas seulement par le propriétaire; car il ne faut pas oublier que l'assurance est essentiellement au contrat d'indemnité. Nul doute que l'usufruitier ne puisse faire assurer les choses dont il jouit. Mais, comme les compagnies n'assurent jamais que la valeur entière de la pleine propriété, celui qui a fait assurer la chose, dont il a l'usufruit, est censé avoir stipulé, en même temps, en son nom et au nom du nu-propriétaire. L'attribution de l'indemnité doit donc être faite à l'un et à l'autre, suivant leurs droits respectifs. C'est ainsi qu'un arrêt de la Cour de Colmar du 25 août 1826, a décidé que l'usufruitier a droit au prix de l'assurance dans la proportion de son intérêt, lorsque l'assurance a été faite après la constitution de l'usufruit par le nu-propriétaire pour toute la valeur de la pleine propriété (*Contra* : un arrêt de la Cour de Besançon du 26 février 1856).

— Le locataire et le fermier peuvent faire assurer; mais c'est à la condition, que leur assurance ne portera sur us quecequ'il courent risque de perdre. Ils ne peuvent faire assurer ce qui appartient au propriétaire.

— Quoique le dépositaire ne soit tenu, en aucun cas, des accidents de force majeure (art. 1929, C.

civ.), et qu'il ne soit tenu de rendre la chose que dans l'état où elle se trouve au moment de la restitution (art. 1933, C. civ.), il faut néanmoins décider qu'il peut soumettre à une assurance les choses qui lui sont confiées. Sa responsabilité est d'ailleurs plus étendue dans certains cas prévus par l'art. 1928, notamment lorsqu'il reçoit un salaire ; dès lors il a intérêt à se décharger de cette responsabilité. Lors même que le dépôt est gratuit, et que le dépositaire n'est astreint qu'aux soins ordinaires d'un propriétaire, il peut avoir encore intérêt à se garantir par une assurance. Cet intérêt se ferait sentir, dans le cas où la chose viendrait à périr par suite d'une faute assez grave pour l'exposer au recours du déposant, sans l'être assez pour anéantir les obligations de l'assureur à son égard.

— Enfin le créancier peut être admis à faire assurer la propriété de son débiteur puis qu'il a intérêt à la conservation de la chose qui est son gage.

CHAPITRE IV.

DES CHOSES QUI PEUVENT ÊTRE ASSURÉES.

Le contrat d'assurance doit avoir un objet certain, c'est-à-dire s'appliquer à une chose dont l'existence soit certaine au moment où se forme la convention, et qui par conséquent puisse être exposée aux risques contre lesquels l'assuré veut être garanti. Si , dans ce moment la chose n'exist it plus, l'assurance dégénérerait en gageure et .   nulle , quelle que fût d'ailleurs la bonne foi de l'assuré.

Il en est autrement en matières d'assurances maritimes (art. 365, C. comm.) ; mais cette différence constitue une exception au principe, et ne doit point recevoir son application aux assurances terrestres. Ordinairement même , les compagnies d'assurances terrestres , pour se mettre mieux en garde contre les tentatives frauduleuses des assurés , déclarent que l'assurance ne commencera que le lendemain, à midi , du jour de la signature des polices.

L'assurance peut , du reste , sauf les prohibitions particulières, s'appliquer à toutes les choses , mobilières ou immobilières , corporelles ou incorporelles , dont la perte ou la détérioration causerait un préjudice à celui qui les possède.

Ainsi l'assurance peut porter sur toute espèce d'édifices publics ou particuliers. Cependant, aucun assureur ne consent à couvrir les pertes qui pourraient résulter de l'incendie ou de l'explosion de dépôts, magasins ou fabriques de poudre à tirer. Les sociétés d'assurances mutuelles n'assurent pas non plus les théâtres. Les compagnies d'assurances à primes les assurent ; seulement un théâtre n'est jamais assuré pour toute sa valeur que par plusieurs compagnies réunies.

Les assurances sur les valeurs mobilières présentent plus de chances de pertes pour les assureurs que celles qui portent sur les immeubles : la nature de ces objets rend, en effet, la fraude plus facile pour l'assuré. Aussi les compagnies refusent-elles d'assurer les titres de toute nature, les lingots et les monnaies d'or et d'argent, les diamants, pierreries et perles fines, toutes choses qu'on pourrait facilement enlever pendant un incendie et supposer détruites; mais elles répondent des bijoux, de l'argenterie et généralement de tous les objets rares et précieux, lorsqu'ils sont désignés spécialement dans la police.

Toutes ces restrictions et exceptions sont déterminées au gré de chaque compagnie. Mais elles doivent être clairement exprimées dans la police, et l'assureur ne pourrait se soustraire au paiement des objets qu'il n'avait pas formellement exclus, en invoquant l'usage de toutes les compagnies de refuser telle ou telle d'assurance.

— Les bestiaux et troupeaux de toute espèce peuvent être assurés, tant contre l'incendie des bâtiments dans lesquels ils sont renfermés, que contre la mortalité, les épizooties et autres accidents. On assure aussi les récoltes, foins, pailles, blés et denrées diverses, sur pied ou placés dans des granges, ou réunis en meules.

— Les marchandises qui sont en route peuvent être assurées aussi bien que celles qui sont en magasin. Mais on ne peut assurer le profit espéré des marchandises qui n'est point un objet certain exposé à un risque, et qui n'a d'autre base que les chances du commerce. Cependant on peut faire assurer une récolte future contre la gelée ou contre la grêle, parce que le but de l'assurance n'est pas ici de garantir le bénéfice probable de la récolte, mais d'indemniser du préjudice réel que cette récolte peut éprouver.

— La jurisprudence permet l'assurance, en France, de marchandises destinées à un commerce de contrebande chez l'étranger (Aix, 30 août 1833; Cour de cassation, chambre des requêtes, 25 août 1835). Pothier (*Tr. du contrat d'assurance, n° 58*), est de tous les auteurs anciens le seul qui refuse, même en ce cas, de reconnaître aucune efficacité à une assurance de contrebande.

— Nous avons dit que les choses incorporelles pouvaient faire la matière d'une assurance, pourvu qu'elles fussent soumises à l'un des risques auxquels s'appliquent les assurances. Ainsi, l'hypothèque étant un droit réel sujet à s'éteindre par la destruction de l'immeuble sur lequel il repose, une créance hypothécaire peut être assurée, indépendamment de la maison hypothéquée, pour le cas où cette maison viendrait à périr par incendie. Toutefois, comme l'existence de l'objet assuré est nécessaire à la validité de l'assurance, le créancier doit justifier que sa créance était colloquée en ordre utile sur la valeur de l'immeuble au jour du sinistre.

— On peut faire assurer également un droit d'usufruit, d'usage ou d'habitation.

— Mentionnons encore les assurances contre le chômage, contre les faillites et autres risques commerciaux, contre le recrutement, contre le bris des glaces, et enfin les assurances contre les accidents de voiture.

Depuis, un arrêt de la Cour de Paris, en date du 1er juillet 1845, la validité de ces dernières assurances n'a jamais plus été contestée.

— L'assureur qui s'est chargé des risques d'une chose et qui craint d'avoir pris une responsabilité trop forte, peut lui-même s'en faire garantir par un autre assureur. Cette opération se nomme *réassurance*. C'est une assurance véritable dans laquelle l'assureur primitif devient lui-même assuré. La réassurance est soumise à toutes les règles de l'assurance ordinaire. Mais le contrat originaire n'en subsiste pas moins, et par suite le réassureur n'est pas soumis à l'action directe de l'assuré primitif.

— On peut faire assurer la solvabilité d'un créancier, et notamment l'assuré peut faire assurer celle de son assureur. Par ce contrat, qui est un véritable cautionnement donné à l'insu et sans l'ordre du débiteur principal (art. 2024, Code civil), la première assurance subsiste toujours, et l'assureur de la solvabilité n'est engagé que si le premier assureur ne paie pas.

Ordinairement, au lieu de faire assurer directement la solvabilité de l'assureur, on fait une *reprise d'assurance*, au moyen de laquelle l'assuré cède ses droits à un tiers qui, dans le cas de sinistre, s'oblige à payer le dommage, sauf son recours contre l'assureur primitif. Ce contrat peut être fait sous des conditions différentes du premier ; il a ce caractère particulier que l'assuré primitif perd tout droit contre son assureur principal. Il se distingue de la *double assurance*, qui a lieu aussi quand l'assuré fait garantir deux fois la valeur totale d'une chose par des compagnies différentes, en ce que, dans la reprise d'assurance, l'assuré ne peut exercer son action que contre le second assureur seul et pour tout dommage, sauf le recours de celui-ci pour toute la perte contre l'assureur principal. Dans les doubles assurances, les deux assureurs recevant chacun une prime de l'assuré, ce dernier peut demander à chacun d'eux une partie de l'indemnité à laquelle il a droit.

Souvent les stipulations des polices enlèvent à l'assuré le droit de reprise. Dans ce cas l'assureur est de plein droit dégagé de ses obligations, s'il y a infraction. Mais alors la reprise d'assurance devient, entre celui qui a repris et le cédant, une assurance directe, qui oblige le reprenant à indemniser l'assuré des risques courus, sans recours contre le premier assureur. Le reprenant ne peut se plaindre, puisqu'il a dû connaître la clause résolutoire. D'ailleurs l'idée des reprises d'assurance a été inspirée aux compagnies à prime par des considérations de spéculation; elles ont voulu, en déchargeant les assurés des sociétés mutuelles des chances de cotisations élevées et de retards dans les paiements de sinistres, obtenir qu'à l'expiration de leur engagement avec les sociétés mutuelles, les assurés ne continueraient leur assurance qu'avec elles, compagnies à prime.

— Dans les assurances maritimes, l'assuré se fait indemniser du montant de la prime qu'il a promise à un premier assureur et qu'il perdra sans compensation en cas de sinistre. (Art. 342, C. com.) Cette espèce d'assurance, qui s'étend ensuite aux primes assurées elles-mêmes, est une convention inusitée dans les assurances terrestres.

CHAPITRE V.

DES RISQUES.

On a défini le risque : tout danger incertain, dans son événement et son résultat, et qui expose une personne à quelque perte pécuniaire. Comme on le voit par la définition, il faut que le risque soit le résultat de cas fortuits ou de force majeure, et qu'il ne puisse pas être imputé à la volonté de l'assuré. L'assureur n'est donc pas garant des sinistres arrivés par la volonté de l'homme et qui sont la conséquence d'un crime de l'assuré. Celui qui se soumettrait à cette responsabilité se rendrait complice de ce crime, comme comme l'ayant provoqué par la promesse d'une indemnité. Mais il est hors de doute que le fait, par un individu en état de démence, d'avoir mis le feu à la maison qu'il a fait assurer, rentre, à moins d'exclusion formelle, dans l'ensemble des risques que l'assurance a pour but de garantir (Cour de cassation, chambre des requêtes, 18 janvier 1870.)

— Ici se présente la question de savoir si l'assureur doit indemniser des sinistres qui arrivent par la faute de l'assuré, par son imprudence, sa négligence ou son défaut de soins. La jurisprudence décide que

la faute de l'assuré fait partie des risques couverts par le contrat d'assurance, à moins que ce ne soit une faute lourde, et telle qu'elle n'aurait pas été commise par un propriétaire non assuré (Cour de Paris , 24 août 1850 et 16 janvier 1851 ; Cour de Rouen , 8 juin 1869). Un arrêt de la Cour de Douai , en date du 5 août 1867, a même déclaré que l'assureur n'est pas admis à prétendre que l'incendie aurait été le résultat d'une imprudence grave ou d'une faute lourde de l'assuré , et qu'il n'est exonéré de son obligation qu'autant qu'il prouve que l'incendie provient soit de la faute lourde et intentionnelle , soit du dol de l'assuré.

Suivant certains auteurs, pour que la perte de la chose assurée soit à la charge de l'assureur, il faut que cette perte arrive indépendamment de la faute de l'assuré, ou, en d'autres termes, qu'elle soit le résultat d'un cas fortuit ou de force majeure. Pour soutenir leur opinion, ces auteurs ont argumenté de l'article 352 du Code de commerce aux termes duquel « les dommages causés *par le fait et faute* des propriétaires ne sont pas à la charge des assureurs. » On a répondu avec raison que cet article du Code de commerce était spécial aux assurances maritimes et qu'il ne pouvait s'appliquer aux assurances terrestres. Les assurances maritimes ne sont contractées que pour garantir des hasards nombreux de la mer, c'est-à-dire des événements de force majeure seulement. Il n'en est pas de même des assurances terrestres. Sauf les cas d'incendie par la foudre, la malveillance ou la communication du feu par la maison voisine, causes de sinistres sans contredit les moins fréquentes, l'incendie est toujours le résultat d'une faute plus ou moins grave du propriétaire, de son imprudence, de sa négligence ou de son manque de soin. Il suit de là que, si on appliquait l'article 352 du Code de commerce en notre matière, le contrat d'assurance serait le plus souvent sans résultat et aurait pour but de soumettre l'assuré au paiement d'une prime assez forte, tandis qu'il réduirait presque à rien la responsabilité de l'assureur. Aussi l'assuré, d'après l'opinion générale, obtiendra toujours une indemnité, lorsqu'il ne sera pas prouvé qu'il a commis une faute assez grave pour qu'on le regarde comme ayant volontairement occasionné l'incendie.

— Aux termes des articles 352 et 353 du Code de commerce les assureurs maritimes ne répondent pas de la faute des personnes dont l'assuré est lui-même civilement responsable. Nous ne croyons pas qu'il y eit lieu d'appliquer ces articles en matière d'assurances terrestres. Par exemple, celui qui fait assurer sa maison a eu certainement pour but de se prémunir contre l'imprudence, la négligence et même contre les délits de ceux qui habitent avec lui. D'ailleurs l'assurance contre le dommage provenant de la faute d'autrui ne présente pas les mêmes dangers que l'assurance contre la faute personnelle.

Le Code hollandais (article 290) et le Code prussien (article 2236) mettent cette responsabilité à la charge de l'assureur.

— Quant aux pertes ou dommages qui proviendraient de la faute ou du crime de personnes étrangères à l'assuré, l'assureur en est évidemment responsable, car cette faute ou ce crime sont réputés des événements de force majeure à l'égard de l'assuré.

— De ce que l'incendie est considéré comme un événement de force majeure, il s'ensuit que c'est à l'assureur, s'il veut se décharger de l'obligation de payer le sinistre, à prouver qu'il a été le résultat d'une faute de l'assuré.

Il y a un cas où la faute est légalement présumée, c'est celui de l'incendie d'une maison louée ; le locataire en est de plein droit responsable (art. 1733 et 1734, C. civ.) Cette responsabilité, elle-même, est devenue l'objet d'une assurance particulière, celle du *risque locatif* dont nous nous occupons plus loin.

— L'étendue de l'assurance est déterminée par les termes de la convention ; ainsi l'assurance d'une maison ne comprend pas celle du mobiler et des marchandises, et l'assurance du mobilier ne s'étend pas à celle des marchandises et réciproquement. De même l'assurance faite par un individu du mobilier garnissant la maison où il demeure ne comprend pas les meubles des personnes qui demeurent avec lui (Cour de Caen, 24 juin 1844).

— L'assureur peut restreindre ses obligations en excluant certaines causes du risque qu'il garantit. C'est ainsi que les compagnies qui assurent contre l'incendie stipulent toujours qu'elles ne répondent pas des des incendies occasionnés par guerre, invasion, force militaire, émeute, volcans et tremblements de terre. La compagnie qui n'aurait pas inséré dans la police une clause de cette nature, serait garante de tous les incendies dont pourrait souffrir l'assuré, quelle que fût la cause qui les aurait déterminés.

L'exception, faite dans une police d'assurances pour les incendies occasionnés par la guerre et l'invasion, n'avait, jusqu'à présent, jamais été appliquée, puisque, comme nous l'avons dit (Chap. 1er), les assurances terrestres n'étaient pas encore pratiquées en France, à l'époque de la chûte du premier empire. Mais, depuis la dernière guerre, cette exception est devenue la source de nombreux procès.

Nous allons brièvement exposer comment une telle clause nous semble devoir être interprétée.

Selon nous, l'exception dont il s'agit ne doit s'appliquer qu'à un incendie ayant pour cause directe un fait matériel de guerre, un conflit quelconque entre belligérants, et non pas des événements, qui même accomplis pendant l'état de guerre ou d'invasion ne sont le résultat ni d'opérations militaires ni de faits volontaires d'hostilité. Ce système est celui qu'ont adopté la Cour de Besançon, dans un arrêt du 28 juin 1871, et la Cour d'Orléans, dans un arrêt du 31 décembre de la même année.

Toutefois nous devons dire que toutes les compagnies d'assurances contre l'incendie n'ont pas formulé de la même manière l'exception qui nous occupe. Ainsi le *Phénix*, qui se trouve avoir été soumis à l'appréciation des deux cours dont nous venons de rapporter les arrêts, a, dans ses polices, un article 2 ainsi conçu: « La compagnie ne répond pas des incendies occasionnés par guerre, par émeute, par un tremblement de terre, par ouragan ; » tandis que d'autres compagnies ont adopté la rédaction suivante : « La compagnie ne répond pas des incendies occasionnés par guerre, *invasion*, force militaire, émeute, volcans et tremblements de terre. »

Or cette addition du mot *invasion* a amené la Cour de Besançon à modifier la doctrine qu'elle avait consacrée dans son arrêt du 28 juin 1871. Par un arrêt du 2 février 1872, cette même Cour a décidé que la clause d'une police d'assurance, portant exception pour les incendies occasionnés par la guerre ou l'invasion, n'excluait pas seulement de la responsabilité de la compagnie les incendies qui ont leur cause directe et immédiate dans une lutte entre les belligérants ou dans quelque acte isolé, mais volontaire d'hostilité ; qu'elle en exceptait aussi ceux provenant des simples imprudences ou négligences commises par l'ennemi dans les bâtiments qu'il a envahis et occupés. La Cour d'Angers s'est aussi prononcée en ce sens dans un arrêt rendu le 10 avril 1872.

Nous ne saurions admettre ce nouveau système. Pour nous, comme pour le tribunal civil de Belfort, dont le jugement a été infirmé par le dernier arrêt de la Cour de Besançon, l'invasion n'est pas l'occupation : « l'invasion, dans le sens technique et vrai du mot, est l'entrée subite de l'ennemi, à force armée sur un territoire, animé d'intentions hostiles se manifestant par des actes agressifs. » C'est la définition que donne le tribunal civil de Belfort et c'est aussi celle qu'admet le tribunal civil de Vesoul, dans un jugement en date du 17 janvier 1872. Du reste, puisque les compagnies continuent à percevoir les primes sans aucune réduction, il est de toute équité que leur responsabilité ne soit pas amoindrie. On objectera que, dans notre système, la responsabilité des compagnies est aggravée par le fait du logement de soldats ennemis dans les bâtiments couverts par l'assurance. Cela est incontestable. Mais c'était aux compagnies à s'en expliquer dans leurs polices, et à déclarer, par exemple, que, par le fait seul de l'occupation, ou l'assurance serait suspendue jusqu'à l'évacuation par l'ennemi des bâtiments assurés, ou le taux de la prime serait élevé dans une proportion déterminée à l'avance pendant le même espace de temps. Dans le doute, en effet, la convention doit s'interpréter contre celui qui a stipulé, c'est-à-dire contre les compagnies, puisque la rédaction des polices est leur œuvre personnelle (art. 1162, Code civil). Or il y a doute ici. Lorsque l'assuré contracte une assurance contre l'incendie, son intention, nous l'avons déjà dit, est certainement de se garantir contre les imprudences, les négligences et même contre les délits de ceux qui habitent avec lui. On peut donc admettre que, en acceptant la clause par laquelle l'assureur se décharge de toute responsabilité dans les cas qui nous occupent, l'assuré a été amené à penser que, les incendies ayant pour cause la guerre ou l'invasion, devaient être seulement ceux résultant de l'agression et de la défense ou ceux encore provenant d'actes commis par violence, alors que ces deux causes de sinistre étaient mises sur la même ligne que celles résultant de tremblements de terre et de volcans, causes d'incendie provenant de circonstances que la prévoyance humaine ne peut ni prévenir, ni empêcher.

Les différents arrêts que nous avons rapportés dans le cours de cette discussion s'accordent tous en ce point que c'est aux assureurs qu'incombe la preuve des exceptions aux cas de garantie qui semblent cependant rentrer dans l'esprit de fondation des compagnies d'assurances contre l'incendie. C'est là un principe de droit commun (art. 1315, Code civil) qui a été méconnu par un jugement du tribunal civil de Briey (audience consulaire, 28 juillet 1871).

Pour terminer ce rapide exposé d'une question si

importante il ne nous reste plus qu'à mentionner un arrêt de la Cour de Metz siégeant à Mézières, arrêt qui ne nous paraît devoir faire aucune difficulté et qui a été rendu le 20 mars dernier. Cet arrêt a déclaré que l'on doit considérer comme ayant pour cause directe, sinon la guerre, tou au moins l'invasion, l'incendie survenu dansune commune, comprise dans le périmètre parcouru par les forces ennemies durant une bataille, alors qu'il est constant que cette commune a été envahie par l'ennemi, abandonnée par les habitants et est restée livrée pendant plusieurs jours au pillage et aux violences des Allemands.

— La durée des risques dépend des termes de la convention. Dans le silence peu probable du contrat, les risques commenceraient à partir de la signature de la police ; quant à leur cessation, ils dépendraient de la nature de l'objet assuré. Des auteurs ont pensé que l'on pourrait, par analogie, invoquer ici l'article 1758 du Code civil, article relatif à la durée des baux.

— Après avoir posé les principes relatifs aux risques en général, nous devons dire quelques mots des deux principaux risques garantis par les compagnies d'assurances terrestres, la grêle et l'incendie. A la différence de l'incendie, la grêle est toujours le résultat d'un cas fortuit. Les compagnies qui assurent contre ce risque classent les produits qu'elles admettent à l'assurance selon les chances que présentent les localités et le temps pendant lequel ils demeurent exposés au fléau. L'assuré doit déclarer tout ce qui concerne la nature de ses récoltes; et, si l'assurance est faite pour plusieurs années, il est tenu, lorsqu'il change l'espèce des plantations de faire une déclaration d'assolément.

— Quant au risque d'incendie il faut tout d'abord indiquer en quoi il consiste. Le mot *incendie*, pris dans son sens grammatical, suppose un grand embrasement qui produit des dégâts plus ou moins considérables, et ne peut avoir lieu sans combustion. En matière d'assurances, il a une acception plus étendue et s'applique non seulement à tout embrasement suivi de combustion, mais encore à toute perte ou dommage qui est le résultat de l'action direct du feu. Les effets immédiats du feu qui a détruit ou détérioré partiellement un objet, sont à la charge de l'assureur, si d'ailleurs il n'y a pas faute de l'assuré. C'est ce qui arriverait, par exemple, si un tison, échappé du foyer, brûlait un tapis sans le consumer. Si la chose assurée n'a pas été atteinte par le feu, mais a seulement éprouvé des dégâts par l'action de la chaleur, de la

fumée ou de la vapeur, il faut faire une distinction :
ou bien les accidents sont le résultat d'un incendie
proprement dit, et alors ils sont à la charge de l'assureur, par exemple si la chaleur d'un incendie détériore
des matières assurées en les mettant en fusion ou en
dissolution ; ou bien les dégâts sont produits par un
feu ordinaire et régulier comme celui d'un calorifère,
et alors ils ne sont pas à la charge de l'assureur, par
exemple, si la chaleur ou la fumée du poêle qui chauffe
un appartement détériorent des objets assurés.

C'est en prenant le mot *incendie* dans le sens spécial à la matière des assurances qu'un arrêt de la Cour
de cassation rendu le 14 avril 1858, a décidé que
l'assurance contre l'incendie, même causé par la foudre ou le feu du ciel, s'applique au cas où la perte
des objets assurés est le résultat *immédiat* de l'action
du feu du ciel, et non pas seulement à celui où cette
perte proviendrait de l'*incendie* que la foudre a fait
éclater dans les lieux où se trouvaient ces objets.
Il s'agissait dans l'espèce de deux juments qui, après
avoir été assurées contre l'incendie, même causé par
la foudre ou le feu du ciel, avaient été foudroyées dans
un pacage où elles étaient en pâturage. La compagnie opposait que les juments n'avaient pas péri par suite
d'incendie, et que, par conséquent, elle ne pouvait

être responsable de leur perte. La compagnie succomba devant le tribunal de Châteauroux (31 décembre 1856), et c'est contre ce jugement qu'elle forma un pourvoi qui fut rejeté par la Cour de cassation dans les termes que nous venons de rapporter.

— Les compagnies d'assurances stipulent généralement que, lorsqu'il n'y a pas incendie, elles ne répondent pas des dégâts occasionnés par la chûte de la foudre, l'explosion du gaz servant à l'éclairage, l'explosion des machines et appareils à vapeur, à moins de primes spéciales, et s'il est fait, dans les conditions particulières de la police, une mention expresse et formelle de chacun des risques que nous venons d'énumérer.

— L'assurance contre le feu du ciel ne garantit pas les pertes occasionnées par une trombe. Néanmoins un arrêt de la Cour de Rouen, en date du 17 février 1846, a décidé, dans l'affaire des désastres de Malaunay et de Monville, que l'assurance d'une propriété contre l'incendie et le feu du ciel comprend les sinistres occasionnés par un météore, tel qu'une trombe lançant la foudre sur les arbres et les habitations, alors même que des-phénomènes particuliers prouveraient que la foudre n'a pas été le seul élément de destruction.

— Indépendamment du risque d'incendie que courent les objets assurés, les compagnies d'assurances garantissent encore contre d'autres risques qui ont leur source dans un incendie fortuit ; ce sont les risques de responsabilité locative et de recours des voisins. Nous ne faisons pas entrer dans une énumération le risque de démolition pour préserver du feu, parce que ce n'est pas là un risque spécial ; on considère le feu comme ayant détruit la maison démolie par ordre de l'autorité compétente pour arrêter les progrès de l'incendie.

— Un locataire, ainsi que nous l'avons dit, ne peut faire assurer la propriété qui lui a été donné en bail ; mais il peut faire assurer ses *risques locatifs*. On entend par risque locatif, la responsabilité qui pèse sur le locataire en cas d'incendie de la maison louée, lorsqu'il ne prouve pas que l'incendie est arrivé par cas fortuit ou force majeure, ou par vice de construction, ou que le feu a été communiqué du dehors (art. 1733, Code civil.) Cependant un arrêt de la Cour de Cassation (chambre des requêtes, 30 janvier 1854) a déclaré, avec raison du reste, que le locataire est responsable de l'incendie des lieux loués, encore qu'il établirait que le feu a été communiqué par une maison voisine, si c'est par son fait que la maison voisine, dont il jouissait d'ailleurs à titre de tolérance, a été elle-même incendiée, en ce que, par exemple, le feu qui y a éclaté a commencé dans des objets que le locataire avait placés sur la voie publique auprès de cette maison, et qu'il se disposait à faire transporter dans les bâtiments loués. Par ce même arrêt la Cour de Cassation a décidé de plus que, dans cette espèce, la responsabilité prononcée contre le locataire envers le propriétaire a le caractère d'un risque locatif et doit dès lors être mis à la charge de l'assureur de risques locatifs.

L'assureur des risques locatifs s'engage donc à garantir le locataire, dans le cas où celui-ci encourrait la responsabilité de l'article 1733 du Code civil. Toutefois l'assureur n'est pas tenu par le fait seul de l'incendie, il faut de plus que le locataire ait payé le propriétaire ou qu'il ait été condamné comme responsable. Si le recours n'est pas exercé, ou s'il est déclaré mal fondé, en raison des preuves que le locataire aurait faites à sa décharge, la compagnie qui a assuré le risque locatif ne sera pas obligée. Ajoutons que lorsque le propriétaire exerce son recours, la compagnie peut, comme étant aux lieu et place du locataire assuré, faire valoir tous les moyens et profiter de toutes les exceptions propres à repousser la demande en indemnité à raison du risque locatif.

L'assurance du *recours des voisins* garantit l'assuré de l'action que ceux-ci pourraient exercer contre lui pour communication d'incendie, en vertu des articles 1382, 1383 et 1384 du Code civil. Observons que le risque du recours des voisins étant d'une nature spéciale, distinct de ceux qui peuvent avoir été garantis d'ailleurs, la déchéance à l'égard de ceux-ci pourrait ne pas entraîner celle du premier. (Cour de Paris, 19 mars 1840.

— Il nous reste à mentionner l'assurance du *recours des locataires contre le propriétaire.* Cette assurance a pour objet de garantir le propriétaire des effets du recours que ses locataires peuvent exercer contre lui, aux termes de l'article 1721 du Code civil, en cas de dommage survenu à leur mobilier ou à leurs marchandises par suite d'un incendie qui aurait eu pour cause un vice de construction, ou un défaut d'entretien de l'immeuble loué.

— En principe les risques courent depuis le moment de la signature de la police jusqu'à l'expiration de la durée convenue. Mais nous avons déjà dit que les compagnies d'assurances à prime sont dans l'usage de fixer le commencement des risques au lendemain de la date du contrat, à midi.

A moins que les parties n'aient manifesté une intention contraire, il n'est pas nécessaire que l'assurance soit enregistrée sur les livres de l'assureur, pour qu'elle prenne son effet dès le lendemain du contrat (voir une espèce analogue rapportée dans un arrêt de la Cour de cassation, chambre des requêtes, 14 mars 1870).

CHAPITRE VI.

DES FORMES DE L'ASSURANCE.

Comme dans les assurances maritimes, l'acte destiné à constater les conventions des parties en matière d'assurances terrestres se nomme *police d'assurance*. Cette dénomination de police s'applique plus particulièrement aux actes contenant les conventions d'assurances à prime.

— Celui qui veut se faire garantir par une assurance à prime, doit en faire d'abord la proposition écrite par l'intermédiaire d'un agent ou employé de la compagnie. Cette proposition ne devient obligatoire que lorsque l'assureur a signé la police et que la prime a été payée. C'est la police qui forme le titre entre les parties.

Dans les assurances mutuelles, l'engagement se contracte par une déclaration d'adhésion aux statuts de la société, déclaration qui doit être inscrite sur les registres, et qui contient l'évaluation de l'objet assuré; le directeur délivre ensuite un acte reconnaissant qu'en vertu de l'adhésion aux statuts, la personne désignée est devenue sociétaire.

— Cependant la rédaction par écrit du contrat.

d'assurance n'est pas nécessaire à la validité de la convention. Si donc une assurance a été conclue, sans qu'un acte ait été rédigé, l'absence d'acte ne pourra être opposé par les parties, alors que, du reste, elles conviennent de leur obligation. Mais lorsque l'engagement est nié, la partie qui en demande l'exécution n'en pourra prouver l'existence par la preuve testimoniale, que si la somme assurée est inférieure à cent cinquante francs, ou s'il existe un commencement de preuve par écrit (art. 1341 et 1347, Code civil.) Ce système généralement adopté en matière d'assurances maritimes (art. 332, Code de commerce), n'est que l'application des principes du droit commun, et il a toujours été suivi par la Cour de cassation en matière d'assurances terrestres. (Cour de cassation, chambre des requêtes, 15 février 1826 et 5 novembre 1862; *idem*, chambre civile, 29 mars 1859.) Un arrêt de la Cour de Colmar, en date du 4 février 1868, repoussant le système que nous venons d'exposer, a décidé que le contrat d'assurances constituant un acte de commerce de la part des compagnies d'assurances à prime, l'existence pouvait en être prouvée contre elles par tous les genres de preuve, même par témoins, alors que, cependant, la somme assurée dépasserait cent cinquante francs et qu'il n'existerait pas de commencement de preuve par écrit. La Cour de cassation dans un des arrêts que nous venons de rapporter (chambre civile, 29 mars 1859), avait déjà répondu à cet argument consistant à dire que le contrat d'assurances étant un acte de commerce à l'égard des compagnies à prime, notre système n'était applicable que lorsqu'ils agissait de compagnies mutuelles. Nous ne pouvons mieux faire que de reproduire sur ce point les termes de l'arrêt de la Cour de cassation : « ..... Atteudu que, si les sociétés d'assurances à prime, constituant des entreprises industrielles, contractent des engagements commerciaux, il n'en résulte pas, comme conséquence également juridique, le contrat demeurant de même nature quant à son objet, quant aux risques qu'il doit couvrir, aux valeurs exposées, aux grands intérêts qu'il met en jeu, que les modes de preuve par lesquels il peut être constaté doivent différer, suivant que l'assurance sera mutuelle ou à prime ; qu'il y aurait donc contradiction à interpréter la loi en ce sens que, dans le premier cas, la preuve devrait se faire principalement par écrit, tandis que, dans le second, elle pourrait ne reposer que sur la foi de simple témoignages,... etc. » Nous n'avons rien à ajouter à cette réfutation de la doctrine de la Cour de Colmar.

— Les polices peuvent être rédigées soit par actes

authentiques, soit par actes sous seings-privés; cette dernière forme est seule usitée.

Il en est de même des adhésions aux sociétés d'assurances mutuelles.

— Lorsque la police est sous signature privée, elle est soumise à l'article 1325 du Code civil, concernant le nombre des originaux et la mention de ce nombre. Cette question, à notre avis, ne saurait faire difficulté même pour les assurances maritimes; l'article 332 du Code de commerce, sur le silence duquel on s'appuie pour soutenir que l'article 1325 du Code civil n'est pas applicable en matière d'assurance, ne contient pas toutes les conditions exigées par la loi pour les actes d'assurances; il n'a eu d'autre but, en exigeant la rédaction par écrit du contrat d'assurance, que de placer ce contrat sous l'empire du droit commun, quant à la preuve testimoniale. D'où il résulte que les assurances sont soumises à l'article 1325 du Code civil.

— Bien que la jurisprudence déclare que l'écriture n'est pas de l'essence du contrat d'assurance, elle reconnaît pourtant que ce contrat n'est présumé exister qu'autant qu'il a été respectivement signé par l'assuré et par l'assureur. (Cour de cassation, chambre civile, 7 janvier 1851; cour de Grenoble, 18 novembre 1850; cour de Douai, 9 août 1856.) Cette présomption est fondée sur ce que, dans l'usage, les contrats d'assurances ne se forment que par des polices écrites et signées. Il résulte de cet usage qu'une police verbale, ou constatée par écrit non revêtue des signatures des parties, ne lie ni l'assureur ni l'assuré, alors que les contractants n'ont point annoncé l'intention de déroger à ces statuts. L'application de cette règle peut donner naissance à de grandes difficultés d'interprétation. C'est ce qui résulte d'un arrêt de la cour de Douai, confirmé par la Cour de cassation (Cour de cassation, chambre civile, 15 juin 1857). Les circonstances particulières constatées par cet arrêt méritent d'être rapportées.

Le 13 septembre 1854, un agent de la compagnie d'assurance, la *Providence*, prit vis-à-vis d'un sieur Banse, assuré pour une période de dix années qui venait d'expirer, l'engagement de continuer, pour une nouvelle période d'une année, l'assurance de la grange et des récoltes de ce dernier. Les 13 et 23 septembre, il inscrivit l'assurance sur son livre-journal ; il prépara les quittances à souche, et lorsque, à la date du 24, le sieur Banse réclama la délivrance de la police, en offrant le paiement de la prime, il le pria d'attendre quelques heures pour la régularisation de la police. Le 24 au soir, un incendie détruisait la grange du sieur Banse.

La compagnie refusa de payer le montant de l'assurance, en se fondant sur ce qu'au moment du sinistre, la police n'était point encore obligatoire pour les parties, en vertu des articles 5 et 6 des statuts, répétés dans cette police, faute d'avoir été signée et suivie du payement de la prime. La compagnie succomba en première instance, en appel et devant la Cour de cassation. Ces diverses juridictions ont toutes déclaré que, malgré l'inexécution de la disposition formelle des statuts de la compagnie, et à raison des circonstances particulières de l'espèce, le contrat avait été formé avant le sinistre par l'accord des parties sur les conditions de l'assurance. A notre avis pour que le contrat se fût formé verbalement, il eût fallu que l'assuré et l'assureur eussent exprimé l'intention de déroger aux articles des statuts qui exigeaient comme nécessaires à la perfection du contrat, la signature des parties et le payement de la prime. Or, dans l'espèce, rien n'indiquait que l'assureur et l'assuré eussent voulu déroger à ces prescriptions des statuts de la compagnie. Ce n'est pas, en effet, parce que, d'une part, le sieur Banse avait réclamé la police et offert le payement de la prime, et parce que d'autre part, l'agent de la compagnie avait différé cette remise et ce paiement, ce n'est pas, disons-nous, dans de tels faits que l'on pouvait voir l'intention où auraient été les ¡parties de contracter une assurance verbale. L'intention contraire était certainement beaucoup plus présumable, tout au moins à l'égard de l'agent d'assurances, qui n'a pas mandat de changer les statuts de la compagnie qu'il réprésente. Aussi croyons-nous que dans l'affaire que nous venons de rapporter, les juges ont mal interprété la volonté des parties. (Dans notre opinion : Cour de Riom, 29 décembre 1869). Les compagnies d'assurances insèrent toujours dans leurs polices cette clause dont il vient d'être question, à savoir, que l'assurance n'a d'effet qu'après que la police a été signée par les parties et que la prime de la première année a été payée.

— Le nombre et la complication des différentes clauses que comporte le contrat d'assurances ont fait adopter aux compagnies l'usage des polices imprimées contenant les conditions générales de l'assurances. Les clauses spéciales pour chaque contrat sont écrites à la main. La jurisprudence a toujours reconnu que les clauses imprimées des polices d'assurance avait force obligatoire à l'égal des clauses manuscrites, la signature apposée au bas de la police impliquant la connaissance et l'acceptation de tout ce qui y est contenu (Cour de Rouen, 4 avril 1845 et 1er décembre 1849, Cour de cassation, chambre civile, 1er février

1853). Mais s'il y avait antinomie entre les clauses imprimées et les clauses manuscrites, ces dernières devraient obtenir la préférence.

—Les polices d'assurances sont astreintes à la formalité du timbre de dimension. Jusqu'en 1850 ce droit n'était perçu qu'en cas de production des actes en justice, alors que, cependant, la loi du 13 brumaire au VII (art. 12) et le décret du 3 janvier 1809 ne faisaient aucune distinction. C'était afin de favoriser le développement des compagnies d'assurances que le gouvernement avait toléré l'inexécution de ces dispositions législatives. En 1850 les compagnies avaient pris assez d'accroissement, et leurs bénéfices étaient devenus assez considérables pour que le trésor revendiquât la part que la loi lui avait faite dans les actes d'assurances. La loi du 5 juin 1850 a édicté des dispositions qui ont eu pour but d'assurer la perception régulière de l'impôt du timbre sur les polices. Les compagnies sont astreintes à avoir un répertoire où doivent être portés, par ordre de numéros et dans les six mois de leur date, tous les actes assujettis au timbre. Ce répertoire est soumis au visa des préposés de l'enregistrement, qui peuvent exiger la représentation des polices (art. 33, l. 5 juin 1850).

— Afin de faciliter les opérations des compagnies,

9

et dans le but d'éviter des frais à l'assuré qui veut faire des changements dans la police avant de la signer, l'article 37 de la loi de 1850 a admis pour les assurances terrestres le principe de l'abonnement. En contractant avec l'Etat un abonnement annuel, les compagnies peuvent s'affranchir de l'obligation du timbre et de l'inspection des préposés de l'enregistrement.

Le chiffre de l'abonnement avait été fixé par la loi de 1850 à 2 centimes par 1,000 francs du total des sommes assurées. Depuis 1862, par suite de l'augmentation de taxe sur le timbre de dimension, la faculté d'abonnement s'exerce à raison de 3 centimes par 1,000 francs du total des sommes assurées (art. 18, l. 2-3 juillet 1862.)

— Dans la rédaction des polices, les compagnies mettent les énonciations prescrites par l'article 332 du Code de commerce, du moins en tant qu'elles sont compatibles avec la nature de l'assurance terrestre. Ainsi les polices sont datées; la date est nécessaire pour fixer le point de départ de la durée des risques. On convient généralement que le défaut de date ne serait pas une cause de nullité de la police; seulement il en résulterait une difficulté pour fixer le commencement des engagements des parties.

— La police doit énoncer les noms et domiciles des parties contractantes, la qualité de celui qui fait assurer, la désignation des choses assurées, leur estimation ou le montant de la somme assurée sur chacune, la nature et la durée des risques, le taux et le mode de paiement de la prime, et enfin toutes les conditions particulières arrêtées entre l'assureur et l'assuré.

Dans les polices d'assurances à primes l'estimation des objets assurés ne se fait jamais. Mais quand il s'agit d'assurances mutuelles, cette estimation est indispensable parce qu'elle sert à fixer la proportion dans laquelle chaque assuré participe à la contribution aux pertes de chacun de ses coassociés. Cette distinction, entre les compagnies à primes et les sociétés mutuelles, a été consacrée par un arrêt de la Cour de Douai, du 16 mars 1850.

CHAPITRE VII

DES EFFETS DU CONTRAT D'ASSURANCE.

Le contrat d'assurance impose à chacune des parties diverses obligations et leur confère certains droits. Ces obligations et ces droits étant corrélatifs, en traitant des obligations de l'un des contractants, nous ferons nécessairement connaître les droits de l'autre.

SECTION Ire

DES OBLIGATIONS DE L'ASSURÉ.

Les obligations que contracte l'assuré se réduisent à quatre principales : il doit 1° lors de la passation de l'acte, faire à l'assureur des déclarations exactes et complètes sur tout ce que celui-ci a intérêt de savoir ; 2° payer à l'assureur le prix stipulé pour compensation des risques, c'est-à-dire la prime ; 3° faire connaître les changements qui sont survenus dans la chose assurée depuis la signature de la police ; 4° en cas de sinistre travailler au sauvetage des objets assurés, le dénoncer à l'assureur et faire connaitre à ce dernier, la valeur des dommages sans l'exagérer.

§ 1er. — *Des déclarations de l'assuré lors de la formation du contrat d'assurance.*

Il ne suffit pas de déterminer la nature du risque

mis à la charge de l'assureur, l'assuré doit encore faire connaître toutes les circonstances qui peuvent influer sur l'appréciation de ce risque par l'assureur. Toute réticence, toute fausse déclaration de la part de l'assuré qui peuvent diminuer l'opinion du risque ou en changer le sujet, annulent l'assurance, alors même que la réticence ou la fausse déclaration n'aurait pas influé sur le dommage ou la perte de l'objet assuré. C'est ce qui résulte de l'article 348 du Code de commerce, qui régit particuliérement les contrats d'assurances maritimes, mais que l'on applique aussi assurances terrestres (Cour de cassation, chambre des requêtes, 5 février 1856). Cet article, du reste, se trouve reproduit dans les polices d'assurances contre l'incendie.

— Les tribunaux sont appréciateurs souverains des faits dans lesquels on peut voir une réticence (Cour de cassation, chambre des requêtes, 5 décembre 1853). C'est ainsi qu'il a été décidé qu'il n'y avait pas réticence de la part de l'assuré, alors même qu'il n'aurait pas déclaré l'existence d'arbres résineux dans la forêt qu'il a fait assurer ; sans que l'arrêt qui le juge ainsi tombe sans la censure de la Cour de cassation (Cour de cassation, chambre des requêtes, 24 février 1835).

Au contraire, une assurance contre l'incendie, faite

sur une prime déterminée d'après la nature et la destination de l'objet assuré, est nulle pour cause de réticence, lorsqu'il est établi que la destination de cet
objet était différente et donnait lieu à une aggravation
de risques à raison de laquelle une prime plus élevée
eut été stipulée, ou même l'assurance eut été refusée.
Par exemple, l'assurance souscrite par un marchand
qui, accessoirement à son commerce, se livre à une
fabrication exigeant l'emploi d'un appareil de nature
à créer un risque distinct de ceux se rattachant au
commerce énoncé en la police, ne couvre pas ce risque, s'il résulte de l'interprétation de la convention
que l'assureur n'a accepté aucun risque de fabrication
(Cour de cassation, chambre des requêtes, 5 janvier 1870).

Néanmoins l'existence ou l'introduction, dans les
lieux assurés, d'un appareil augmentant les chances
d'incendie ne présente pas toujours ce caractère aggra-
vant du risque assuré, ni, dès lors, une réticence de
nature à entraîner la nullité de l'assurance. C'est ce
qui arriverait dans l'hypothèse où l'assuré n'aurait fait,
en se servant de cet appareil, non exclu d'ailleurs par
la police, que suivre un usage professionnel que l'assureur est réputé connaître (Tribunal civil de Sens,
20 avril 1869; cour de Paris, 15 février 1870). Mais

il y aurait encore réticence et privation du bénéfice de la police, si l'emploi de l'appareil constituant le risque nouveau n'était pas nécessaire à l'industrie qu'exerçait l'assuré au moment où il souscrivait sa police (Cour de Paris, 30 juillet 1868).

— La déclaration que des bâtiments assurés étaient couverts en tuiles, tandis que dans la réalité, ils ne l'étaient qu'en bois ou en chaume, et de nature à influer beaucoup sur l'opinion du risque (Cour de cassation, chambre civile, 27 janvier 1845 ; cour d'Orléans, 4 juillet 1846). Mais si la déclaration erronée était l'œuvre des agents d'une compagnie d'assurances, la différence d'une couverture en chaume ou en bois d'avec une couverture déclarée en tuiles, n'empêcherait pas les tribunaux de maintenir l'assurance (Cour de cassation, chambre des requêtes, 3 novembre 1845).

— L'assuré doit encore déclarer les assurances déjà existantes sur le même objet. Celui qui ferait assurer par une compagnie des objets déjà assurés par une autre compagnie, sans déclarer au nouvel assureur l'existence de la première assurance commettrait une réticence qui entraînerait la nullité de la nouvelle assurance (Cour de Paris, 17 janvier 1867). Néanmoins, lorsque deux assurances ont été faites pour le compte de deux compagnies par le même agent, chacune de ces compagnies est réputée avoir connu l'assurance souscrite par l'autre, et, dès lors, aucune d'elle ne peut opposer à l'assuré la déchéance qui résulterait du défaut de déclaration (Cour de Caen, 17 avril 1867).

La Cour de Toulouse a même jugé (18 novembre 1854) que la réticence volontaire de l'assuré, sur la circonstance que les valeurs faisant l'objet du contrat d'assurance avaient déjà été assurées par d'autres compagnies, n'était pas une cause de nullité de ce contrat, lorsque la clause des statuts qui exigeait la déclaration d'un tel fait n'attachait aucune pénalité à son inexécution, et que, d'ailleurs, l'assuré n'avait pas été interpellé à cet égard.

—Enfin l'assuré, lorsqu'il contracte une assurance, doit déclarer en quelle qualité il agit.

— La question de savoir si le consentement a été vicié par l'erreur résultant do déclarations inexactes est une question de fait qui dépend presque toujours des circonstances. L'assureur n'aurait pas le droit de se plaindre, s'il avait, par lui-même, ou par un de ses agents, visité les objets proposés à l'assurance. Cependant, même dans ce cas, l'assuré ne serait pas relevé des conséquences d'une déclaration inexacte, si la police portait que « l'assurance est faite sur la déclaration de l'assuré (Cour de Rouen, 2 juillet 1869).

Mais en principe les déclarations ambiguës d'une police d'assurance s'interprètent contre l'assureur, lorsqu'il est constant qu'il n'a assuré qu'après l'inspection des lieux (Cour de Paris, 1er août 1844). De même les omissions de la police ne peuvent être opposées à l'assuré, quand elles sont du fait d'un agent de la compagnie d'assurances, cette compagnie étant alors responsable de son préposé (Cour de cassation, chambre civile, 18 mai 1852; chambre des requêtes, 19 janvier 1870). Toutefois cette règle est inapplicable dans l'hypothèse où l'omission porte sur une circonstance qui ne devait pas être énoncée dans la police, parce qu'elle était formellement exceptée de l'assurance (Cour de cassation, chambre des requêtes, 5 janvier 1870).

§ II. — *Du paiement de la prime.*

La prime doit être fixée au moment du contrat pour toute la durée de l'assurance. Elle varie dans sa quotité proportionnelle suivant le risque que court la chose assurée. C'est, en général sur l'évaluation de la valeur totale l'objet que se fixe le montant de la prime. On prend tant pour mille de cette évaluation. Cette fixation ne peut jamais donner lieu à une action en rescision, quelqu'élevée que soit la prime, parce que, l'assurance étant aléatoire de sa nature, on manquerait de base pour déterminer la lésion.

— La prime est acquise aux assureurs qui ont commencé à courir les risques, quand même les risques n'auraient duré qu'un instant. Le principe formulé par l'article 351 du Code de commerce en matière d'assurances maritimes, est étendu par tous les auteurs à la matière des assurances terrestres.

— Afin de rendre la charge de l'assurance plus légère aux assurés et dans le but de leur faciliter le paiement de la prime, on a divisé ce paiement en annuités. La prime de chaque année est la garantie de l'année, comme les loyers de chaque terme sont le prix de la jouissance du terme.

— En général, les compagnies stipulent que l'assuré doit payé d'avance et comptant la prime de la première année, en souscrivant la police, et celle des années suivantes dans la quinzaine qui suit l'échéance pour tout délai ; si un sinistre éclate dans cette quinzaine, les assureurs en sont tenus ; mais ils peuvent déduire de l'indemnité le montant de la prime échue, car le terme accordé pour le paiement n'empêche pas que la primé ne soit due. Ce terme de quinzaine est un délai de grâce qui ne peut-être dépassé.

Autrefois les compagnies faisaient souscrire aux assurés des billets de prime pour chacune des années qui suivaient la première. Ces billets n'ajoutaient rien à l'obligation contractée par l'assuré de payer la prime chaque année; mais ils pouvaient faire naître la question de savoir s'ils n'opéraient pas novation, et s'ils ne détruisaient pas la clause portant que l'assuré était constitué en demeure par le seul défaut de paiement au terme convenu. On pouvait dire pour l'assuré qu'il avait payé sa prime en billets et qu'il n'était pas obligé en vertu de la police, mais en vertu de ses billets qui dérogeaient aux conditions de l'assurance. A cet argument on répondait avec raison que les billets étant souscrits en même temps que l'assurance, et en exécution d'une de ses clauses, ils étaient une des conditions de la police avec laquelle ils s'identifiaient, à moins qu'ils ne présentassent des stipulations évidemment inconciliables avec cette police, cas dans lequel les parties auraient été censées avoir voulu sciemment y déroger. (Cour de Lyon, 29 décembre 1830). Cette question ne peut plus se présenter aujourd'hui, les billets de prime n'étant plus en usage.

— Aux termes de l'article 1247 du Code civil, le paiement doit être fait, en règle générale, au domicile du débiteur. Cette disposition, qui forme le droit commun, devrait être appliquée aux assurances, si les compagnies n'avaient pour habitude de stipuler que les primes seront payables dans leurs bureaux ou dans ceux de leurs agents, stipulation formellement autorisée par l'article précité. Mais alors même que la prime doit être payée au domicile du créancier, le débiteur ne peut être poursuivi en payement qu'après avoir été mis en demeure, ce qui entraîne des lenteurs et des frais ; aussi les compagnies stipulent-elles, ainsi que le Code civil y autorise (art. 1139), qu'à défaut de payement dans le terme convenu, et sans qu'il soit besoin d'aucun acte, d'aucune mise en demeure, l'assurance se trouvera suspendue, et l'assuré, en cas d'incendie, n'aura droit à aucune indemnité. Quand cette stipulation existe, les juges ne peuvent s'opposer à la résiliation, si l'assureur la demande. Ils ne sont compétents que pour examiner si en fait le cas de résiliation est arrivé.

Si la police ne portait pas exemption de toute mise en demeure, le retard de l'assuré ne le ferait tomber en déchéance qu'après une mise en demeure faite dans toutes les formes légales ; un simple avertissement par lettre, ou verbal , ne suffirait pas (Cour de Paris, 6 février 1845 et 9 mai 1849).

— Bien que les compagnies stipulent d'ordinaire que le défaut de paiement de la prime à l'échéance entraîne la résolution de plein droit, et que d'après les polices, la prime soit *portable* et non point *quérable*, c'est-à-dire, bien qu'elle soit payable aux bureaux de leurs agents, presque toutes sont dans l'usage de faire présenter, lors de l'échéance ; au domicile des assurés, les quittances , dues par ces derniers. On s'est demandé si cet usage emportait dérogation à la clause qui prononce la déchéance. La jurisprudence, d'abord hésitante, est aujourd'hui définitivement fixée. Dans l'origine quelques arrêts (Cour de Lyon, 29 décembre 1830 ; Cour de Paris, 6 mars 1838 et 5 novembre 1840), avaient déclaré que l'usage que nous venons de signaler ne dérogeait point aux clauses formellement stipulées dans la police, et que la déchéance était encourue, bien que l'assuré n'eût pas été mis en demeure. On peut dire, à l'appui de cette opinion, que la renonciation de la part d'une compagnie d'assurances au droit stipulé par elle de percevoir la prime à son domicile ou à celui de ses agents, ne peut être facilement présumé alors que la police déclare formellement que le recouvrement des primes anté-

rieures que la compagnie aurait fait opérer officieusement au domicile des assurés, ne peut être opposé à
la compagnie. On peut encore ajouter que cette déclaration serait absurde, si un usage général l'avait dès
longtemps abrogée, et que la demande, que les compagnies sont dans l'habitude d'adresser aux assurés,
aux échéances successives des primes, ne doit être considérée que comme un avis officieusement donné, mais
ne changeant en rien le caractère de la prime, déclarée
portable au domicile de l'assureur.

Cependant la doctrine contraire a prévalu (Cour de
Bordeaux, 11 mai 1840; Cour de Colmar, 8 juillet
1841; Cour de Paris, 29 août 1844; Cour de Grenoble, 6 février 1849 et 13 janvier 1852; Cour de
Rouen, 16 mars 1853; Cour de cassation, chambre
civile, 21 août 1854; chambre des requêtes, 10 juin
1863; Cour d'Orléans, 23 mars 1861; Cour de
Paris, 18 juin 1868 et 15 février 1870).

Telle est aussi notre opinion. S'il est vrai, en principe, qu'un usage généralement admis entraîne, par
désuétude, l'abrogation de la loi, comment ne pas lui
faire produire de pareils effets quand il s'agit de conventions privées, dont toutes les parties ont également
le droit d'exiger l'exécution? Il est possible, nous en
convenons, que cette doctrine puisse présenter des in-

convénients pour les compagnies d'assurances ; mais si elles les prévoient, n'ont-elles pas un moyen simple et légal d'y échapper? Pourquoi ne se renferment-elles pas dans les termes de la police ? Si elles y dérogent volontairement, elles ne peuvent s'en prendre qu'à elles d'un état de choses qu'elles pouvaient éviter en exécutant les conditions qu'elles avaient eu le soin de stipuler en leur faveur. L'assuré habitué à payer chez lui et dans son domicile, habitué à ce qu'on lui présente des quittances, même après l'expiration du délai de grâce doit s'attendre à ce que la compagnie continue d'agir de la même manière ; ce serait lui tendre un véritable piége que le déclarer déchu faute de paiement, si, contre l'usage jusqu'alors suivi, la demande de la prime ne lui avait pas été faite.

Les nombreux arrêts, que nous avons rapportés à l'occasion de cette question, montrent combien les compagnies résistent à l'idée qu'une dérogation tacite est apportée aux statuts sociaux par l'usage où elles sont de faire présenter à domiciles les quittances de prime.

— Généralement les polices d'assurances portent que, lorsque la prime n'a pas été payée dans le délai convenu, l'assureur peut, à son choix, ou maintenir la police et en poursuivre l'exécution, ou la résilier *par une simple notification*. Dans ce cas, le contrat subsiste jusqu'à la notification, et les poursuites peuvent toujours être dirigées contre l'assuré, qui ne peut contraindre l'assureur à user de la faculté de résilier. La Cour de cassation a reconnu la validité d'une telle clause (Chambre civile, 15 novembre 1852). Tant qu'il n'y a eu ni poursuites, nt notification, l'assureur conserve son droit d'option. Mais, même alors qu'il n'y aurait pas eu de poursuites tendant à obtenir l'exécution de la police, si l'assureur consent à recevoir le paiement de la prime en retard, ou si un fait particulier vient démontrer que l'assureur a renoncé à se prévaloir de la déchéance encourue par l'assuré à défaut de paiement des primes aux époques fixées par la police, le droit d'option ne peut plus s'exercer et le contrat doit être maintenu (Cour de cassation, chambre des requêtes, 27 juin 1855 et 5 mai 1868).

Toutefois le droit d'option de l'assureur ne serait pas perdu, si un délai de grâce avait été accordé à l'assuré pour le paiement de la prime en retard (Cour de cassation, chambre civile, 11 juin 1855).

— L'assureur a une action personnelle contre l'assuré en payement de la prime. On a demandé s'il avait, pour le payement des primes dues, un privilége sur la chose assurée. Pour accorder ce droit à l'assureur terrestre, on a argumenté par analogie du paragraphe 10 de l'article 191 du Code de commerce qui donne à l'assureur maritime un privilége pour le montant des primes d'assurances faites sur des navires. C'est là une opinion qui ne peut se soutenir, car un privilége est une exception aux droits de tous les créanciers en faveur d'un seul, et il est de la nature des exceptions de se restreindre, et non de s'étendre par analogie. On a aussi cherché ce privilége dans le § 3 de l'article 2102 du Code civil, qui déclare privilégiés les frais faits pour la conservation de la chose. Mais l'assurance ayant pour objet unique de fournir à l'assuré une somme égale à la valeur de la chose au moment du sinistre, on ne peut pas dire, tant que la chose existe, qu'elle a été conservée par l'assurance; en outre la somme payée par l'assureur n'est pas la représentation de la chose assurée, c'est une indemnité sur laquelle on ne peut fonder aucune raison de préférence, ainsi que nous l'établirons plus loin. (Tribunal de commerce de la Seine, 14 juillet 1871). De ce que la prime est acquise à l'assureur par cela seul qu'il a commencé à courir les risques , il résulte que les primes payées par l'assuré ne doivent pas lui être restituées s'il survient une cause de résolution par le fait ou la faute de l'assuré, ou même par une cause étrangère, comme la destruction de la chose assurée. Mais il y a lieu à restitution des primes payées par l'assuré, non seulement lorsqu'il n'y a pas eu réellement de risque couru, mais encore lorsque l'assurance a été résolue par le fait de l'assureur (Cour de cassation, chambre civile, 17 janvier 1860). Ces solutions sont tirées de l'article 351 du Code de commerce.

— La prime se prescrit par trente ans ou par cinq ans. Se prescrit par trente ans la prime qui consiste en une somme fixe, une fois payée ; se prescrit par cinq ans la prime payable par année, ou à des termes périodiques plus courts (art. 2262 et 2277, Code civil).

Les auteurs qui ont traité de la question des assurances appliquent ici la prescription du droit commun, et non la prescription particulière de l'article 432 du Code de commerce, prescription à laquelle est soumise toute action dérivant d'une police d'assurance maritime. Les prescriptions, en effet, sont de droit étroit et ne sauraient s'étendre par analogie. Par la même raison on n'applique pas non plus aux assurances terrestres la disposition de ce même article 432 qui fixe

le jour du contrat pour point de départ de la proscrip-
tion de la prime, en matière d'assurances maritimes.
Du reste, si le Code de commerce fait commencer
cette prescription du jour du contrat, c'est que les
assurances maritimes, qui n'ont lieu le plus souvent
que pour un voyage, ont une durée plus courte que les
assurances terrestres. S'il fallait prendre le même point
de départ pour la prescription quinquennale de la prime
dans ces dernières assurances, il arriverait que, dans
une police faite pour cinq ans et avec des primes payables annuellement, la prime de la dernière annuité
serait prescrite en même temps que son échéance. Il
faut donc de toute façon recourir à l'article 2277 du
Code civil qui forme le droit commun, et reconnaître
que la prescription ne court que du jour de l'échéance
de la prime.

— Dans les assurances mutuelles la part contribu-
tive de chaque assuré pour la réparation des sinistres
est essentiellement variable et éventuelle; il se peut
même qu'il se passe des années où aucune des propriétés garanties par la société mutuelle ne soit atteinte par
le sinistre prévu. Il s'ensuit qu'il n'y a là rien de fixe,
et que, par conséquent, la quotité de la part contribu-
tive de chaque assuré ne peut se prescrire que par trente
ans. Telle est, du reste, la doctrine de la Cour de

cassation (chambre civile, 8 février 1843 et 17 mars 1856).

Toutefois la prescription de cinq ans atteint les sommes fixés que les assurés, dans les sociétés mutuelles, sont tenus de payer chaque année pour frais d'administration.

§ III. — *Des déclarations des changements survenus dans la chose assurée.*

— L'assuré est tenu de faire connaître à l'assureur les changements qui sont survenus dans la chose assurée et qui peuvent modifier les risques ; par exemple, le transport des objets assurés d'un lieu à un autre, ou encore le changement survenu dans la profession exercée à l'intérieur des lieux assurés. De plus, en cas de décès, de vente ou de donation des objets assurés, les héritiers ou nouveaux propriétaires doivent déclarer leurs qualités dans un certain délai fixé par les polices, et se faire donner acte de leur déclaration par la compagnie. Toutes ces déclarations ont pour but d'avertir l'assureur, qui, en présence d'un risque différent de celui qu'il avait pris d'abord à sa charge, peut demander une augmentation de prime ou la résiliation du contrat.

La déclaration de ces changements doit être faite

dans les délais fixés par la police ; si aucun délai n'a été fixé, il suffit qu'elle ait eu lieu avant le sinistre. Si elle n'avait été faite que postérieurement au sinistre, l'assuré aurait perdu ses droits à l'indemnité, sans être affranchi pour cela du paiement de la prime.

— Les changements quelconques, qui doivent être déclarés par l'assuré pendant le cours de l'assurance, sont constatés par un acte additionnel à la police qu'on appel *avenant*.

§ IV. — *Des obligations que fait naître le sinistre.*

L'assuré a diverses obligations à remplir lorsqu'un sinistre survient avant l'expiration de sa police. En cas d'incendie, son premier devoir est de travailler à arrêter les progrès du feu et à sauver, autant que possible, les objets assurés (art. 381, Code de commerce). Cette obligation est rappelée par la plupart des polices. Seulement ce n'est là qu'une obligation purement morale, et l'assureur ne pourrait, en soutenant qu'elle a été méconnue, se refuser au paiement de l'indemnité. Du rapprochement des articles 1382 du Code civil et 475-12° du Code pénal, on a pourtant voulu tirer cette conséquence que l'assuré peut être déchu de l'indemnité s'il n'a pas travaillé au sauvetage. Mais il a été répondu, d'une part, que

l'article 1382 du Code civil ne fait peser de responsabilité que sur l'auteur d'un fait qui porte préjudice,
et non point sur la personne qui s'abstient, quelqu'im-
moral que puisse être d'ailleurs son refus de concours, et d'autre part, que l'article 475-12° du Code
pénal ne s'applique qu'à celui qui, légalement requis
par une autorité compétente, refuse de porter secours.
Ces articles n'ont donc rien d'applicable à la question
dont il s'agit. Cependant un arrêt de la cour de Besançon (25 juillet 1850) a décidé que celui qui ne fait
pas toutes les diligences nécessaires pour arrêter les
progrès de l'incendie doit être condamné à des dommages et intérêts vis-à-vis de son assureur.

. — Une autre obligation de l'assuré est de faire
connaître le sinistre à l'assureur. Les statuts et les
polices des compagnies contiennent des dispositions
précises à cet égard, et fixent un délai, habituellement
même à peine de déchéance, pour les dénonciations
et les déclarations de l'assuré en cas de sinistre. Les
compagnies exigent généralement que l'assuré, aussitôt
que le sinistre survient, en donne connaissance à l'agent
de la compagnie le plus voisin du lieu de l'événement.
Elles prescrivent de plus à l'assuré de faire, à ses frais,
la déclaration du sinistre devant le maire de la commune ou devant le juge de paix du canton. Cette dé-

claration indique l'époque précise du sinistre, sa durée, ses causes connues ou présumées, les moyens pris pour en arrêter les progrès, ainsi que toutes les circonstances qui l'ont accompagné, la nature, l'étendue et la valeur approximative du dommage. Une expédition en forme est transmise sans délai à l'agent de l'arrondissement. Si, dans un laps de temps déterminé par la police, cette formalité n'a pas été accomplie, l'assuré est déchu de tout droit à l'indemnité, à moins d'impossibilité constatée.

— Le sinistre prouvé, l'assuré, pour justifier sa demande en paiement d'indemnité contre l'assureur, doit de plus établir que les objets assurés ont été détruits et détériorés par suite de ce sinistre. Pour cela il faut qu'il justifie de l'existence des objets assurés au moment de l'accident. Cette justification n'offre point de difficultés dans certains cas, par exemple, lorsqu'il s'agit de la mort d'un animal atteint par l'épizootie, d'une récolte ravagée par la grêle, et surtout d'un bâtiment endommagé par l'incendie. Dans ces différents cas, l'existence des objets assurés résulte de la preuve matérielle du sinistre. Mais le cas d'objets mobiliers détruits par un incendie n'est pas aussi simple. On s'accorde alors à décider que l'assuré peut établir l'existence des objets assurés par tous les genres de preuves qui sont en son pouvoir. L'appréciation de ces moyens de justification est laissée à la prudence des juges. C'est le cas d'appliquer cet adage : *leviores et quæ possunt haberi admittuntur probationes.*

— Les polices d'assurances portent en général que « l'assuré qui exagère sciemment le montant des dommages, celui qui suppose détruits des objets qui n'existaient pas au moment du sinistre; celui qui dissimule ou soustrait tout ou partie des objets sauvés; celui enfin qui emploie, comme justification, des moyens ou documents mensongers ou frauduleux, est entièrement déchu de tous droits à une indemnité, et la compagnie a la faculté de résilier toutes les polices qu'elle a contractées avec le même assuré. » La jurisprudence reconnaît la validité d'une semblable clause (Cour de Nancy, 23 juin 1849; Cour de cassation, chambre des requêtes, 11 mai 1869).

En principe la présentation d'un état exagéré des pertes causées par un sinistre ne peut donner lieu à une répression pénale. Mais lorsque des manœuvres frauduleuses ont été employées pour faire croire à l'exactitude des énonciations mensongères que contient l'état remis à la compagnie, le fait est avec raison qualifié d'escroquerie. Aussi un arrêt de la Cour de

Lyon du 19 juillet 1869 a décidé avec raison que l'assuré est à bon droit poursuivi pour escroquerie, lorsque, pour faire croire à une perte plus considérable, il a dispersé chez ses voisins, avec recommandation de les cacher, une partie des effets échappés à l'incendie, et qu'il s'est fait ensuite payer, d'après un état dont l'exagération n'a pu être contrôlée, une somme supérieure à celle qui lui était réellement due (art. 405, Code pénal).

— Enfin l'assuré qui veut poursuivre contre l'assureur le payement de l'indemnité est tenu de prouver qu'il a encore actuellement l'intérêt et la qualité qui lui donnaient le droit de contracter l'assurance ou d'en recueillir le bénéfice.

SECTION II.

DES OBLIGATIONS DE L'ASSUREUR.

Toutes les obligations de l'assureur se réduisent à la réparation du dommage éprouvé par l'assuré, c'est-à-dire au paiement d'une indemnité. Nous avons donc à examiner les cas dans lesquels cette indemnité est due, dans quelle proportion elle doit être payée, quand et comment elle doit être payée, à qui elle doit l'être, et enfin quels sont les effets du paiement.

§ I. — *Des pertes dont l'assuré doit être indemnisé.*

Les effets du dédommagement varient suivant les conventions qui ont été arrêtées : l'assureur peut restreindre son engagement, soit quant à la nature du risque, soit quant au montant de la somme qu'il aura à payer. Lors de l'établissement des compagnies d'assurances, on demanda, mais le gouvernement refusa, de les obliger à laisser toujours hors de leurs assurances une portion de la valeur des objets assurés. Cependant, à l'origine, certaines compagnies avaient stipulé qu'en cas de sinistre elles ne rembourseraient que les quatre cinquièmes du dommage. Cette clause n'est plus en usage, mais, aujourd'hui encore, la valeur du sol est toujours déduite de l'assurance des immeubles.

— L'obligation de l'assureur d'indemniser l'assuré de la perte que lui fait éprouver le sinistre garanti, ne doit pas, à moins de conventions expresses, s'étendre à toutes les conséquences du sinistre. L'assureur n'est responsable que des conséquences immédiates et directes du sinistre, par exemple, du dommage causé par l'eau pour éteindre le feu. Aussi malgré une décision contraire de la Cour de Rouen en date du 9 juillet 1869, nous pensons qu'en cas d'assurance d'un navire contre l'incendie, l'assureur est responsable des avaries survenues à la cargaison non assurée, si ce dommage résulte de ce que le navire a été sabordé pour éteindre l'incendie. La Cour de cassation (chambre des requêtes, 7 mars 1870) a dû s'incliner devant la constation de fait souverainement opérée par les premiers juges, à savoir que le dommage causé, dans l'espèce, aux marchandises n'était que concomitant au sinistre, et que leur submersion n'avait ni servi à combattre le sinistre, ni réussi à en atténuer l'effet. Mais cette constatation est véritablement étrange. Le navire en effet n'a été sauvé que parce qu'il a été submergé avec les marchandises qu'il contenait. Les marchandises noyées ont donc été le salut du navire, et le sort de la cargaison est tellement lié, en pareil cas, au sort du navire, que les dommages causés aux marchandises pour sauver le bâtiment sont réputés avaries grosses ou communes, et que la loi maritime les répartit dans une proportion déterminée entre l'armateur et les chargeurs (art. 400-2° et 401, Code de commerce.)

— Les dommages, résultant du défaut de location ou de jouissance des lieux loués, d'interruption de commerce, par suite d'incendie ne sont que des suites médiates et indirectes du sinistre: ils n'ont pu, par conséquent être compris dans les prévisions du contrat. Ainsi, le propriétaire qui a fait assurer sa maison ne peut, à moins d'une convention particulière, se faire indemniser des locations qu'il perd pendant la reconstruction après l'incendie, non plus que de la réduction du prix du bail qu'il serait obligé d'accorder à un locataire momentanément privé de la partie incendiée de l'immeuble (art. 1724, Code civil). Il en est de même quand il s'agit de l'assurance des risques locatifs. Cette assurance ne comprend pas, de plein droit, l'indemnité que le locataire devrait au propriétaire dans le cas de résiliation du bail (Cour de Rouen, 16 janvier 1845). En effet ce cas est celui de l'article 1760 du Code civil. Or la clause des polices portant assurance des risques locatifs ne vise jamais que les articles 1733 et 1734 du Code civil, lesquels articles mettent à la charge du locataire le dommage matériel éprouvé par la maison qu'il habite, et non pas le préjudice qu'il cause au propriétaire par suite de la résiliation du bail. On ne peut donc étendre les obligations de l'assureur à un cas que ni lui ni l'assuré n'ont prévu.

§ II.—*Du montant de l'indemnité.*

L'indemnité doit être la réparation du préjudice souffert par l'assuré, sans jamais dépasser la valeur de la chose assurée. Mais d'un autre côté, à moins que l'évaluation n'ait été faite au-dessous, l'indemnité doit être de toute cette valeur, autrement, le préjudice souffert par l'assuré ne serait pas entièrement réparé.

C'est donc sur la valeur et assurée et perdue que porte l'indemnité, parce que la convention trouve là une cause déterminée et un objet certain; et l'assureur n'a pas à se préoccuper des événements postérieurs à l'incendie, alors même qu'il en résulterait pour l'assuré quelque soulagement. C'est par application de ces principes que la Cour de cassation a décidé que l'assureur ne peut imputer sur l'indemnité par lui due, en cas d'incendie, à l'usager dont il a assuré la maison, la valeur des bois de construction que celui-ci est autorisé, par son droit d'usage, à demander pour la reconstruction de cette maison. (Cour de cassation, chambre civile, 10 mai 1869).

Cette question a donné lieu à des solutions contradictoires. Le Tribunal de Pontarlier, qui en a été souvent saisi, l'a toujours résolue dans le sens de l'arrêt que nous venons de rapporter, tandis que la Cour de Besançon a varié dans sa jurisprudence. (Voir dans le sens de l'arrêt précité de la Cour de cassation : Cour de Besançon, 3 mai 1845 et 11 janvier 1855. — *Contra*: Cour de Nancy, 28 mai 1833; Cour de

Besançon, 19 décembre 1848, 7 mai 1853, 3 mai 1856 et 22 janvier 1867.) Dans l'affaire, au sujet de laquelle est intervenu l'arrêt de la Cour de Besançon du 3 mai 1856, MM. Bugnet, Valette, Marie et Bethmont avaient donné une consultation en faveur de l'usager.

— Demandons-nous maintenant à quel moment il faut se placer pour déterminer la valeur de la chose assurée. Est-ce au moment du contrat ou au moment du sinistre? En matière d'assurances maritimes, l'estimation doit être faite d'après la valeur des choses assurées au moment du contrat (art. 339, Code de commerce). Cette règle est, en général, applicable à toutes les assurances à courte durée, et surtout à toutes celles dans lesquelles le sinistre garanti ne peut pas être réalisé par le fait volontaire de l'assuré, comme lorsqu'il s'agit de marchandises assurées pour leur transport par terre ou par la voie d'un canal. Mais en matière d'assurances contre l'incendie, d'une part, la durée de l'assurance est telle, que la chose peut subir, par la seule action du temps, une dépréciation considérable, et de l'autre, le sinistre peut facilement être le résultat d'un crime. Aussi les compagnies d'assurances contre l'incendie ont-elles toutes la précaution de stipuler que l'indemnité sera fixée sur la valeur de la chose au moment du sinistre. Sans doute il reste encore une chance contraire aux compagnies, celle de voir l'assuré poussé au crime d'incendie par la plus-value de la chose : rare quand il s'agit d'immeubles, cette chance peut se présenter plus souvent quand il s'agit de meubles et de marchandises. Pourtant il faut remarquer que, généralement, une plus-value n'est guère à craindre que dans l'hypothèse de l'assurance des marchandises.

Cette règle, qui consiste à payer la valeur qu'avait l'objet au moment du sinistre, est conforme au principe fondamental des assurances, à savoir que l'assurance est essentiellement un contrat d'indemnité. En effet, si l'indemnité était calculée sur la valeur de la chose au moment où la police a été faite et si la chose, au jour du sinistre avait diminué de prix, l'assuré ne serait pas seulement dédommagé, il ferait un bénéfice; si, au contraire, le prix de la chose s'était élevé, l'assuré, en recevant un dédommagement calculé sur la valeur originaire de la chose, ne serait pas réellement indemnisé : il éprouverait une perte.

Cependant lorsque l'on assure des objets précieux, des tableaux ou autres choses d'art, qui ne sont pas susceptibles de se détériorer par le temps, du moins pendant la durée ordinaire des polices, la valeur de ces objets peut être fixée immédiatement, et une pareille estimation est obligatoire s'il survient un sinistre. C'est en ce sens qu'il a été jugé que la clause manuscrite d'une police d'assurance, portant que la valeur des objets détruits sera réglée d'après les prix portés à l'inventaire, et non autrement, contient une dérogation valable à la disposition générale de la police imprimée, d'après laquelle il n'est assuré que la valeur réelle et vénale des propriétés. Le même arrêt (Cour de cassation, chambre des requêtes, 12 juillet 1837), qui a rendu cette décision, a aussi reconnu que les objets d'art ou autres pouvaient être assurés d'après la valeur d'opinion ou d'affection que leur donne l'assuré.

— Ainsi, en principe, c'est au moment du sinistre qu'il faut se placer pour apprécier la valeur des choses assurées. Il nous reste à faire connaître maintenant comment se calcule le montant de l'indemnité.

Les choses peuvent être assurées ou indéfiniment et jusqu'à concurrence de leur valeur, ou seulement pour une partie de leur valeur, ou, et c'est ce qui a lieu le plus ordinairement, jusqu'à concurrence d'une somme déterminée. Dans ce dernier cas la somme assurée fixe la limite des droits de l'assuré : il ne peut jamais rien demander au delà de cette somme ; mais

l'assureur n'est pas tenu de la payer toujours tout entière, parce qu'il ne doit jamais que la valeur réelle
des objets au moment du sinistre ; la détermination
de la somme ne sert qu'à limiter le maximum de
l'obligation de l'assureur, et à fixer le montant de la
prime (Cour de Besançon, 22 janvier 1867). En effet,
les compagnies d'assurances stipulent expressément
dans leurs polices qu'elles ne paieront l'indemnité que
d'après la valeur vénale des objets au moment de l'incendie.

Les obligations de l'assureur diffèrent suivant que
la somme assurée est égale ou suivant qu'elle est supérieure ou inférieure à la valeur des choses assurées.
Si la somme est égale à la valeur, et que la chose ait
péri en entier, l'assureur devra toute la somme : il ne
devra, s'il y a sinistre partiel, qu'une partie de la
somme correspondante au rapport de la perte avec la
valeur totale. Il en doit être de même dans le cas où
la somme assurée est supérieure à la valeur des objets
assurés, l'assurance, s'il n'y a pas fraude, étant ré-
ductible à la valeur réelle.

Si la somme assurée est inférieure à la valeur, les
parties sont présumées n'avoir pas voulu couvrir la
valeur entière, et l'assuré est considéré comme restant
son propre assureur pour tout ce qui excède la somme

assurée. Que la chose assurée périsse tout entière, l'assureur paie la somme promise, et l'assuré supporte la perte du surplus de la valeur; que le sinistre soit seulement partiel, la perte se partage proportionnellement entre l'assureur et l'assuré. On dit, alors qu'il y a lieu, application de la *règle proportionnelle*. L'application de cette règle dépend donc de la comparaison faite entre l'intégrale valeur des objets assurés et le montant de la somme assurée dans la police.

La règle proportionnelle s'applique à l'assurance des risques locatifs comme à l'assurance ordinaire; elle est formellement inscrite dans la plupart des polices. On la suivrait également dans le silence des parties, comme l'interprétation la plus vraisemblable de leur volonté. Mais cette règle ne peut être invoquée, lorsque la compagnie d'assurance, par une clause qu'on rencontre habituellement dans les polices, s'est engagée à supporter seule les risques locatifs, jusqu'à concurrence du montant de l'assurance, dans le cas, où le locataire a fait couvrir une somme égale à quinze fois au moins le montant annuel de son loyer (Cour de Paris, 3 janvier 1850; Cour de cassation, Chambre des requêtes, 24 février 1869).

— Les compagnies d'assurances, avons-nous dit, imposent à l'assuré l'obligation d'employer tous les moyens en son pouvoir pour arrêter les progrès de l'incendie et pour sauver les objets assurés. Mais comme le sauvetage n'a lieu que dans l'intérêt de l'assureur puisque la valeur des objets sauvés doit être déduite du montant de l'indemnité (Cour de cassation, Chambre des requêtes, 14 août 1862), en même temps qu'elles imposent cette obligation à l'assuré, les compagnies déclarent qu'elles lui tiendront compte des frais occasionnés par le déplacement et la conservation des objets sauvés. Les frais de sauvetage comprennent, non-seulement les faits pour déplacer et soustraire à l'incendie des meubles, des marchandises, des denrées assurées, mais encore les travaux pratiqués pour arrêter l'incendie qui aurait menacé ou envahi un immeuble assuré.

Il faut cependant distinguer entre les frais de sauvetage faits avant l'expertise amiable et ceux faits après cette expertise; ces derniers ne sont pas à la charge des compagnies. En outre l'obligation de pourvoir à la conservation du sauvetage n'incombe pas non plus aux compagnies d'assurances, ce qui reste d'un bâtiment assuré n'appartenant pas à l'assureur mais bien à l'assuré (Cour de Besançon, 2 août 1856).

— L'article 381 du Code de commerce n'alloue les frais de sauvetage que jusqu'à concurrence de la valeur des objets recouvrés. Mais les compagnies d'assurances terrestres sont dans l'usage de payer en totalité les frais dont la nécesité a été démontrée.

La disposition du même article qui déclare qu'en matière d'assurances maritimes, les frais de sauvetage seront alloués à l'assuré sur son affirmation, ne saurait non plus s'étendre à la matière des assurances terrestres. En effet, si l'urgence des circonstances et l'éloignement font obstacle à ce que l'on exige les preuves des dépenses faites sur mer, en cas d'assurance terrestre l'assuré peut plus facilement retirer des quittances, ou faire constater par témoins les mesures qu'il a prises et les frais qu'il a faits pour conserver les objets assurés.

Si la somme assurée était inférieure à la valeur de la chose au moment du sinistre, l'assuré supporterait les frais de sauvetage jusqu'à concurrence de la somme pour laquelle il resterait son propre assureur. De même, s'il y avait plusieurs assureurs, ils devraient concourir au remboursement de ces frais, en proportion de leur intérêt dans l'assurance.

— Quant aux dépenses résultant des secours qui peuvent être fournis par les autorités municipales, elles demeurent à la charge des communes. (Loi des

16-24 août 1790, titre XI, art. 3; loi du 11 frimaire an VII, art. 4, § 9; loi du 18 juillet 1837, art. 10, 11 et 30). La Cour de cassation (chambre civile), dans un arrêt rendu le 9 janvier 1866, a même décidé que, spécialement à Paris, où l'organisation des secours en cas d'incendie incombe au préfet de police (Loi du 12 messidor an VIII, art. 24 et 43) , le prix de l'eau employée sur l'ordre du préfet de police ou de ses agents à l'extinction d'un incendie, indépendamment de celle fournie par les conduits et fontaines de la ville, ne peut être réclamé de l'incendié, si le sinistre ne résulte pas d'une faute prouvée à la charge de ce dernier.

Dans le même sens il a été déclaré par un autre arrêt de la Cour de cassation (Chambre civile), en date du 15 janvier de la même année, que, lorsqu'un maire, en vue de combattre un incendie, a imposé à une propriété qui était à l'abri des atteintes du feu, des sacrifices d'où il est résulté des dommages pour elle, il en est dû indemnité par la commune, sauf recours de celle-ci contre qui de droit, à raison de l'incendie, en cas de faute prouvée. Les dommages dont il s'agissait provenaient de ce que, à l'occasion d'un incendie, le maire du Havre, en donnant l'ordre aux sapeurs-pompiers de prendre de l'eau dans le parc aux huîtres exploité par la compagnie Pimor, avait causé là destruction d'un grand nombre de ces mollusques.

— Pour arriver au règlement de l'indemnité après un sinistre, il faut estimer le dommage en comparant les dégâts et la valeur des objets assurés. Si les parties ne tombent pas d'accord, il y a lieu à une expertise. Les experts sont élus d'un commun accord par les parties; mais si elles ne peuvent s'entendre, la partie la plus diligente fait notifier à l'autre le choix de son expert, avec sommation d'en nommer un. Si cette sommation reste sans effet, assignation est donnée devant le juge compétent. Enfin, lorsque les experts ne sont pas d'accord, ils s'adjoignent un tiers-expert.

Les experts constatent l'état des objets subsistants; ils en font l'estimation, ainsi que celle de la totalité des objets assurés; ils décident si la valeur déclarée dans la police est égale à celle de la valeur réelle; ils déduisent les objets subsistants de la valeur totale, et déterminent l'indemnité due par les assureurs. Ils peuvent exiger que l'assuré produise ses titres de propriété, ses baux, l'extrait des rôles de contribution, ses factures, celles de ses vendeurs, les livres de correspondances.

L'expertise ne lie en rien les parties, pas même

quant à l'évaluation de la perte : les experts ne sont point juges; leur rapport n'est qu'un avis donné pour éclairer les tribunaux ou les parties elle-mêmes, qui ne sont point astreintes à suivre cet avis (Art. 322, 323, Code de procédure civile.)

La nomination des experts faite même sans réserves, et le rapport qui la suit, de même que tous les actes conservatoires auxquels le sinistre peut donner lieu, ne constituent donc, de la part de l'assureur ou de l'assuré, aucune renonciation à leurs droits : l'assureur conserve, nonobstant cette nomination, le droit d'opposer devant le tribunal toutes les exceptions qui résultent des termes de la police, et de soutenir que l'assuré est non recevable dans sa demande, ou que cette demande doit être réduite.

L'assuré, de son côté, peut demander une indemnité plus forte que celle qui lui serait allouée, si on prenait pour base l'évaluation des experts. Ce n'est qu'autant que les parties ont adhéré, expressément ou tacitement, au rapport des experts, qu'elles sont non recevables à l'attaquer.

En général les compagnies d'assurances stipulent dans les polices que les frais de l'expertise seront supportés par moitié entre l'assureur et l'assuré.

§ 3. — *Quand et comment l'indemnité doit être payée.*

Si la police n'accorde aucun délai, l'indemnité doit être payée aussitôt que les experts ont fixé la somme à laquelle elle s'élève, ou que le règlement en a été fait à l'amiable par les parties. Les compagnies d'assurances n'attendent même pas toujours l'issue de l'opération des experts. En cas d'urgence, lorsqu'aucun soupçon de fraude ne s'élève contre l'assuré, elles font quelquefois délivrer sur le rapport de leurs agents des à-comptes aussitôt après l'évènement; ces à-comptes n'obligent pas les compagnies, si les renseignements ultérieurs établissent qu'elles ne les devaient pas.

Dans les assurances mutuelles, comme le sinistre se paye au moyen d'une contribution fournie par chaque assuré, il y a ordinairement plus de lenteur que dans les assurances à prime où l'indemnité est prise sur le fonds capital de la compagnie. Il faut donc, dans les sociétés mutuelles dresser périodiquement les comptes et régler la part de chaque associé dans les pertes; de là des délais plus ou moins longs. On a essayé de remédier à cet inconvénient; tantôt le directeur de la Société est autorisé à faire de ses propres deniers, moyennant intérêt, l'avance des sommes nécessaires pour couvrir les dommages ; tantôt, et c'est le cas le plus ordinaire, chaque assuré fournit une sûreté spéciale, par exemple, un ou deux pour pour cent, formant un fonds de garantie; renouvelé quand il a été entamé, et complété quand il est insuffisant, par des appels de fonds.

Remarquons que la disposition des statuts d'une société d'assurances mutuelles portant que les indemnités seront payées après un certain délai et jusqu'à concurrence de la somme fixée par le conseil d'administration, doit être entendue, non comme investissant la société du droit de fractionner à sa volonté le payement des indemnités dont elle est débitrice , mais comme ayant seulement pour but de lui laisser le temps de rassembler les ressources nécessaires à sa libération (Cour de cassation, Chambre des requêtes, 20 mars 1859).

— Le paiement de l'indemnité est forcément retardé quand des créanciers forment opposition entre les mains de l'assureur. L'assureur peut, après une saisie-arrêt, déposer pour se libérer la somme due à la Caisse des dépôts et consignations, en se conformant aux règles ordinaires prescrites par le Code civil (art. 1257 et suivants).

— Quand l'assureur est en retard de payer l'indemnité, il doit les intérêts (Cour de cassation, Chambre civile, 11 juin 1845; Cour de Colmar, 14 décembre 1849); et ces intérêts ne commencent à courir que du jour de la demande en justice (art. 1153, Code civil. — Cour de Chambéry; 7 août 1868). Cependant un arrêt de la Cour de Rouen, en date du 20 avril 1853, a accordé à un assuré des dommages-intérêts autres que les intérêts moratoires de l'indemnité, par ce motif que le retard apporté par la compagnie au règlement du sinistre avait eu pour conséquence de priver l'assuré, non-seulement de l'indemnité à laquelle il avait droit, mais encore des objets sauvés qu'il aurait pu utiliser au profit, par exemple, de son commerce.

— L'indemnité est payée en argent ou en effets faciles à réaliser. L'assureur ne devant payer à l'assuré qu'une somme égale au montant du préjudice éprouvé, déduit, au taux de l'estimation, la valeur des objets sauvés et des matériaux qui existent encore; il laisse au compte de l'assuré ces matériaux et ces objets, et paie le surplus en argent. Toutefois il compense encore avec ce surplus les primes échues et non payées; celles non échues ne peuvent être compensées (art. 1291, Code civil).

Les compagnies se réservent quelquefois de prendre pour leur compte les objets sauvés et les matériaux. Mais on comprend qu'il n'en peut être ainsi lorsque l'assuré est simple usager ou usufruitier, puisque les matériaux appartiennent au nu-propriétaire (art. 624, Code civil).

Si l'assureur prend pour son compte les objets sauvés, il en devient immédiatement propriétaire, et l'assuré est obligé de lui en faire la délivrance et de lui restituer ceux qu'il a retrouvés depuis le sinistre.

— Le droit de garder pour son compte les objets échappés au sinistre est purement facultatif pour l'assureur. Les compagnies font, à ce sujet, une réserve expresse dans leurs contrats ; mais, alors même qu'elles auraient gardé le silence, l'assuré n'aurait pas le droit de les obliger à accepter le délaissement des objets sauvés. Le délaissement autorisé pour faciliter les transactions du commerce maritime (art. 369 et suivants, Code de commerce), ne s'étend pas aux assurances terrestres ; il est d'une nature exceptionnelle, et contraire aux principes essentiels du contrat d'assurance. En effet, le contrat d'assurance a pour objet de faire réparer par les assureurs des pertes et des dommages, mais non de rendre ces assureurs forcément propriétaires des choses dont ils s'étaient rendus simplement garants. Les motifs qui ont fait établir lo délaissement dans les assurances maritimes n'ont point d'analogie dans les assurances terrestres.

— Les compagnies, toujours en garde contre les sinistres volontaires, et pour empêcher, autant que possible, que les assurés n'aient intérêt à les provoquer se réservent, dans les polices, la faculté de rétablir en nature les objets détruits. Ce rétablissement ne saurait être partiel, c'est-à-dire que l'assureur ne pourrait user de la faculté de rebâtir, qu'autant que la partie incendiée n'excéderait pas la valeur assurée. Ainsi, l'assureur qui aurait assuré le tiers seulement de la valeur d'une maison incendiée en entier, ne serait pas recevable à rétablir le tiers de cette maison, ni à offrir la reconstruction d'une maison d'une valeur égale à la partie assurée.

Mais si cette faculté du rétablissement en nature est fréquemment insérée dans les polices, les compagnies en usent peu, parce qu'elle soulèvera, presque toujours, dans la pratique des complications insurmontables. Ces complications résulteront des difficultés que les compagnies rencontreront nécessairement, si elles ne peuvent fournir à l'assuré des objets offerts dont l'état soit, exactement et sous tous les rapports, semblable à celui où l'incendie a trouvé ceux qu'il a

détruits. Si les objets offerts sont d'une valeur supérieure, en ce que, par exemple, ils sont entièrement
neufs, la compagnie pourra-t-elle se faire tenir compte
de la plus-value par l'assuré ? et si c'est le contraire
qui a lieu, pourra-t-elle obliger l'assuré à accepter une
indemnité complémentaire destinée à le dédommager
de la dépréciation. ? C'est ce qu'il ne nous paraît pas
possible d'admettre dans l'un et l'autre cas. L'obligation des compagnies d'indemniser l'assuré par voie
de remplacement ou par une indemnité pécuniaire est
une obligation *alternative*. Or le mode mixte de libération dont les compagnies prétendraient user, est
directement contraire à l'article 1191 du Code civil,
qui porte en termes exprès, que « le débiteur peut
se libérer en délivrant l'une des deux choses promi-
ses, mais qu'il ne peut pas forcer le créancier à recevoir une partie de l'une et une partie de l'autre. »

§ IV. — *De ceux à qui l'assureur doit payer l'indemnité.*

Pour avoir droit à l'indemnité, il faut nécessairement avoir intérêt à la conservation de la chose assurée, puisque l'assurance est un contrat d'indemnité.
L'assuré ne peut donc réclamer l'indemnité qu'autant
qu'il prouve que la chose incendiée lui appartenait,
ou que, du moins, il était responsable de sa perte.

— Les biens d'un débiteur étant le gage commun de ses créanciers (art. 2093, Code civil) et l'indemnité payée par l'assureur faisant évidemment partie des biens du bébiteur, les créanciers peuvent, sans aucun doute, se présenter pour toucher l'indemnité. S'il n'y a que des créanciers chirographaires, ils partagent au prorata de leurs créances ; mais en serait-il de même s'il y avait des hypothèques.ou des priviléges sur un immeuble incendié ? Ou bien les créanciers privilégiés et hypothécaires conserveraient-ils leur droit de préférence sur l'indemnité? Quoique l'indemnité soit payée par l'assureur comme équivalent de la chose qui a été détruite, elle n'en est cependant pas, en droit, la représentation et ne saurait être assimilée au prix qui prend la place de la chose vendue. L'indemnité , en effet, est le produit d'un acte d'administration utile fait à l'occasion de l'immeuble , et non pas le prix de l'acquisition de cette immeuble.

Il s'ensuit que les privilèges et hypothèques qui grevaient la chose assurée ne frappent pas l'indemnité due au propriétaire en cas de sinistre , comme ils frapperaient, en cas de vente, le prix qui serait la représentation de la chose vendue. L'indemnité entre sans doute dans les biens de l'assuré et devient le gage de ses créanciers, mais à titre de valeur mobilière, sur laquelle les créanciers chirographaires et hypothécaires exercent des droits égaux.

Il n'en peut être autrement, tant qu'une loi spéciale n'aura pas fait pour les immeubles ce que l'article 10 de la loi du 11 juin 1858 a fait pour les marchandises déposées dans les magasins généraux, c'est-à-dire tant qu'une disposition législative n'aura pas substitué formellement l'indemnité à l'immeuble. En effet, dit Troplong, (Hypothèques, ch. 7, n° 890), « l'hypothèque étant éteinte par la perte de la maison, comment pourrait-elle atteindre la somme qui est allouée, *ex post facto*, à titre d'indemnité pour le propriétaire ? » En cas de vente, au contraire, la maison hypothéquée subsiste toujours ; l'hypothèque y demeure attachée, elle la suit, et l'on comprend que le créancier ne perde son droit sur la chose, que si le nouveau détenteur lui en offre le prix en éhange (art. 2166, Code civil). Pour ce créancier le prix est donc substitué à l'immeuble ; l'indemnité payée par l'assureur a une tout autre origine, une nature bien différente.

Aussi, dans la pratique, en même temps que le prêteur avec affectation d'hypothèque impose à son débiteur l'obligation de faire assurer l'immeuble qui lui est donné en garantie, il se fait consentir une cession éventuelle de l'indemnité qui serait due en cas de sinistre, et signifie cet acte à l'assureur', de manière à acquérir un droit de propriété sur cette indemnité, considérée comme valeur mobilière.

Les cours de Colmar (25 août 1826) et de Rouen (27 décembre 1828) avaient déclaré que l'indemnité était la représentation de l'immeuble assuré. Mais la Cour de cassation a, le 28 juin 1831, cassé l'arrêt de la Cour de Rouen, et la Cour de Colmar, le 11 mars 1852, a décidé que l'indemnité, due en cas d'incendie d'un immeuble assuré, était mobilière.

Toutefois un arrêt de la Cour de Bordeaux, en date du 19 mars 1857, a déclaré que l'indemnité payée par une compagnie d'assurance, à raison de l'incendie d'un immeuble propre à un époux commun en biens, demeure, comme représentant l'immeuble détruit, propre à cet époux et ne tombe pas dans la communauté. Mais, la Cour de Bordeaux, dans ce même arrêt, reconnaît le principe qui est aujourd'hui consacré par la jurisprudence, que l'indemnité ou prix de l'assurance d'un immeuble détruit par incendie, est essentiellement mobilier. « Attendu, dit l'arrêt, qu'il résulterait seulement de cette jurisprudence que l'indemnité, dans l'espèce, propre à la femme propriétaire de l'immeuble assuré, n'est pas la représentation exacte de la chose perdue, à l'égard des tiers qui avaient sur cette chose des droits de privilége ou d'hypothèque , et que, dès lors, elle appartiendrait indistinctement à tous ses créanciers chirographaires et hypothécaires, leur hypothèque disparaissant par suite de la destruction de la chose; mais qu'il n'en résulte nullement qu'entre époux la femme n'a pas droit à récompense, à raison de l'indemnité payée pour prix d'une assurance faite par elle-même ; par l'intermédiaire de son mandataire légal, de sa chose propre détruite par un incendie, que cette reprise soit mobilière ou immobilière; — qu'elle y a droit, tout comme au prix d'aliénation de sa chose propre qui aurait été touché par le mari, et qui serait, dès lors, rangé dans la classe des choses mobilières de la communauté; — Qu'immobilière ou mobilière, la récompense est donc toujours due comme valeur représentative de l'immeuble, sauf les droits des créanciers de la femme seulement sur cette reprise dans le rang qui leur appartient;... »

— Une autre question d'attribution s'est élevée au sujet de l'indemnité due en cas d'indemnité du risque locatif. Aujourd'hui la jurisprudence décide formellement que, en cas d'incendie d'un immeuble loué, l'indemnité due au locataire par l'assureur des risques locatifs n'est pas affectée exclusivement au propriétaire envers lequel le locataire a été déclaré responsable de l'incendie, mais qu'elle forme le gage commun de tous les créanciers du locataire et doit être distribuée entre eux par contribution (Cour de cassation, Chambre des requêtes, 20 décembre 1859; Cour de Lyon, 27 décembre 1861: Cour de cassation, Chambre des requêtes, 31 décembre 1862; Cour de Douai, 2 décembre 1869). La Cour de Paris, dans deux arrêts, l'un du 13 mars 1837, l'autre du 24 mars 1855, avait jugé que l'indemnité est exclusivement acquise au propriétaire, ou aux voisins (en cas d'assurance du recours des voisins), par l'effet d'une subrogation virtuelle de ces derniers dans les droits du locataire assuré contre l'assureur. Mais dans un arrêt rendu le 21 août 1868, la même Cour a décidé qu'un propriétaire ne pouvait, en cas de faillite du locataire, se faire attribuer, à l'exclusion et au préjudice des autres créanciers de la faillite, l'indemnité due par l'assureur au locataire à raison du risque locatif assuré par ce dernier.

Nous repoussons ce système par cette considération que l'action en réparation de l'incendie ne peut être exercée que par le propriétaire, accorder une portion de l'indemnité aux créanciers du locataire, c'est amener des résultats contraires à l'équité. En effet, la compagnie d'assurances peut s'entendre avec le propriétaire pour qu'il n'exerce pas son action et lui offrir une somme qui sera inférieure, il est vrai, au montant des pertes résultant de l'incendie, mais qui sera supérieure à la somme que toucherait le propriétaire si, après avoir usé de son action contre le locataire, le montant intégral de l'indemnité avait été distribué par contribution entre les créanciers de ce dernier. Telle est la principale raison qui ne nous permet pas d'admettre la doctrine de la jurisprudence sur la question que nous venons d'exposer.

§ 5. — *Des effets du paiement.*

Le premier effet du paiement est de libérer l'assureur, pourvu que la personne à laquelle l'indemnité a été payée ait qualité et capacité pour la recevoir. Il produit encore cet effet, d'élever une fin de non-recevoir contre les exceptions de l'assureur fondées sur les déchéances encourues par l'assuré. L'assureur qui a payé sans réserves est censé avoir renoncé à ces déchéances; s'il oppose l'erreur ou la fraude, il a le droit de répétition comme tout débiteur qui a payé une chose qu'il ne devait pas. (Art. 1376 et suivants, Code civil).

— La libération acquise par le paiement de l'indemnité n'est pas absolue. Voici en quel sens il faut l'entendre. Si la chose assurée est entièrement détruite, l'obligation de l'assureur se trouve éteinte ; si la perte n'est que partielle, et que l'assurance ne soit pas divisée en périodes, l'assureur qui a payé ne sera plus tenu, s'il arrive un sinistre avant l'expiration du contrat, que jusqu'à concurrence de l'excédant de la somme assurée sur le montant de l'indemnité précédemment payée. Lorsque l'assurance est divisée en périodes, comme cela a lieu pour la plupart des assurances contre l'incendie, on suit les mêmes règles pour les sinistres qui auraient lieu dans chaque année. Mais comme l'obligation répétée de payer plusieurs sinistres dans le cours d'une même assurance pourrait devenir ruineuse, la plupart des compagnies se réservent, dans leurs polices, la faculté de continuer ou de résilier l'assurance après un sinistre partiel. Cette clause a été déclarée valable par la Cour de cassation dans un arrêt en date du 1er mars 1858.

— Le paiement n'a pas pour effet de subroger l'assureur aux droits et actions de l'assuré contre ceux qui, à un titre quelconque, sont responsables de l'incendie ; à moins que la subrogation n'ait été expressément convenue. Cette subrogation, en effet, ne peut avoir lieu de plein droit. Le Code civil, article 1251, a défini les différents cas de subrogation légale : il n'y en a aucun qui puisse s'appliquer à l'assurance. On invoquerait en vain le paragraphe 3 de l'article 1251 qui établit la subrogation légale au profit de celui qui paye une dette dont il était tenu avec d'autres ou pour d'autres. L'assureur n'est pas tenu avec ceux qui répondent légalement de l'incendie; il n'y a point de lien entre eux; ils doivent bien chacun le dédommagement, mais en vertu de causes entièrement différentes; ils sont tellement indépendants l'un de l'autre dans leurs obligations, que si un propriétaire assuré, par exemple, poursuit son locataire comme responsable de l'incendie, celui-ci ne sera nullement admis à profiter de l'assurance. L'assureur n'est pas tenu non plus pour les personnes responsables. L'assurance n'a rien de la nature secondaire du cautionnement; elle forme par elle-même une obligation principale et à part, de telle sorte que l'assureur ne paye pas comme garant d'un tiers, mais en vertu de sa propre convention. Telle est l'opinion consacrée par un arrêt de la Cour de cassation du 2 mars 1829, et par un arrêt de la Cour d'Amiens, en date du 3 décembre 1868.

Aussi les compagnies d'assurances ont toujours soin de se réserver la subrogation dans leurs polices : et aujourd'hui les clauses de cette nature ne sont plus sérieusement contestées. Il a même été jugé que l'assureur peut exercer les droits dans lesquels il a été subrogé, sans qu'il soit besoin que la subrogation, stipulée dans la police, ait été renouvelée lors du payement, conformément à l'article 1250 du Code civil. Une telle clause, en effet, malgré le caractère éventuel et aléatoire des droits et actions cédés, constitue une cession de choses futures qui doit produire son effet au profit de l'assureur, sans qu'elle puisse être écartée par application des règles relatives à la subrogation conventionnelle ou légale (art. 1598, Code civil; Cour de cassation, Chambre civile, 24 novembre 1840; Cour d'Orléans, 26 août 1858).

D'un autre côté, il a été jugé qu'un propriétaire assuré contre l'incendie peut, après le sinistre et en recevant son indemnité, subroger l'assureur dans l'action en responsabilité dérivant à son profit contre ses locataires de l'article 1733 du Code civil, alors même que cette subrogation n'aurait pas été réservée dans la police d'assurances : le propriétaire qui se fait indemniser par l'assureur, en évitant d'engager à ses risques et périls une action contre ses locataires, a, à faire cette subrogation, un intérêt éventuel qui ne permet pas de la considérer comme dépourvue de cause et de prix (Cour de cassation, Chambre civile, 1er décembre 1846).

— Par l'effet de la subrogation, l'assureur peut exercer toutes les actions qui auraient appartenu à l'assuré, soit contre les locataires, aux termes des articles 1733 et 1734 du Code civil, soit contre les voisins ou autres personnes responsables de l'incendie. D'après les principes du droit commun, il peut invoquer la présomption légale établie par les articles 1733 et 1734, comme l'aurait fait le propriétaire ; il peut enfin exercer les droits du locataire principal devenu son débiteur, agir contre les sous-locataires de celui-ci, contre l'assureur des risques locatifs, (Cour de Paris, 29 novembre 1852).

Faisons observer que la cession du droit éventuel du propriétaire contre le locataire ne peut résulter que d'une stipulation expresse ; et que, par exemple, elle ne résulterait pas de cette clause de la police, portant que tout paiement d'indemnité aura lieu à la charge de subroger la compagnie aux droits et actions du propriétaire contre les personnes du fait desquelles l'incendie serait *provenu*. Ces dernières expressions doivent s'entendre, en effet, des auteurs *reconnus*, et non des auteurs *présumés* de l'incendie, c'est-à-dire qu'elles ne peuvent s'appliquer aux locataires, (Cour de Paris, 12 janvier 1850 ; cour de Rouen, 14 mars 1855.)

— Si le locataire et le propriétaire sont assurés par la même compagnie, il est évident que la subrogation ne peut plus avoir d'effet, l'assureur se trouvant repoussé, par son contrat avec le locataire, de l'action qu'il exercerait comme subrogé aux droits du propriétaire. Toutefois, l'exception du locataire ne serait fondée que s'il avait fait assurer, par la même compagnie, ses risques locatifs : si son assurance portait seulement sur le mobilier, la subrogation devrait recevoir son exécution ; car il y aurait alors deux risques différents qui se distingueraient parfaitement l'un de l'autre.

Pareillement, lorsque l'assureur subrogé agit contre un voisin dont la maison a communiqué le feu, et que ce voisin est assuré par ce même assureur, la subrogation n'a lieu que s'il n'y a pas eu assurance du recours des voisins. Dans ce cas, il y a un risque à part qui ne pouvait être assuré que par une police distincte ou du moins par une stipulation expresse dans la police contenant l'assurance de la maison.

— La subrogation confère encore à l'assureur un recours contre le voisin chez lequel le feu a commencé, lorsque la maison assurée est démolie par ordre de l'autorité pour arrêter les progrès de l'incendie (Cour de Pau, 6 juillet 1825). Proudhon va même plus loin

(Traité de l'usufruit, n° 1594) ; adoptant la doctrine de Gailet de Dunod, il attribue à l'assureur, outre ce recours, une action en indemnité contre les propiétaires des maisons que cette démolition a préservées du sinistre. Mais on a contesté avec raison ce droit exorbitant qu'aurait l'assureur. Nul n'est responsable que de son propre fait ; et ici, qu'ont à s'imputer les propriétaires des maisons sauvées ? D'ailleurs où s'arrêterait la responsabilité ? Il est vrai qu'en cas de jet à la mer (art. 410 et suivants, Code de commerce), tous les propriétaires des marchandises contribuent également à la perte ; mais il n'y a aucune analogie entre cette hypothèse et celle de la démolition d'une maison pour arrêter l'action du feu. Dans ce dernier cas, l'autorité n'a pas de choix à faire ; elle ne peut ordonner d'autre démolition que celle de la maison la plus proche, tandis que, en cas de jet à la mer, on doit faire un choix entre les marchandises. C'est donc dans l'intérêt de tous les chargeurs que ce jet a lieu, et ceux dont les marchandises ont été épargnées doivent nécessairement une compensation, puisque ce n'est que pour sauver les leurs qu'on a préféré jeter celles qui étaient les moins nécessaires, les plus pesantes et de moindre prix.

— Pour que l'assureur, subrogé aux droits et actions de l'assuré, puisse les exercer, il faut évidemment que l'assuré en ait lui-même le droit. C'est ainsi qu'il a été jugé que la subrogation, consentie par un locataire à une compagnie qui a assuré son mobilier, dans ses droits contre le propriétaire à la négligence duquel l'incendie peut en partie être attribué, ne produit aucun effet à l'encontre de ce propriétaire, si le sinistre est dû également à l'imprudence du locataire. Il s'agissait, dans l'espèce, d'un locataire qui, connaissant le vice de construction d'une cheminée, y avait néanmoins fait un grand feu, sans même avoir au préalable mis le propriétaire en demeure, et avait ainsi, lui-même, déterminé l'incendie. En agissant de cette manière, le locataire s'était enfin enlevé le droit d'exiger de son propriétaire la la réparation de la perte de son mobilier incendié ; et, par suite, la compagnie, qui, en payant l'indemnité au locataire avait été subrogée par celui-ci dans tous ses droits et actions, devait succomber dans sa demande en remboursement contre le propriétaire (Cour de Nancy, 3 mars 1849).

— Lorsque la subrogation n'a pas été stipulée dans la police et qu'aucune cession n'a été faite à la compagnie, celle-ci a néanmoins une action contre l'auteur du sinistre. On doit appliquer en cette matière le principe de droit commum que tout fait de l'homme, qui porte à autrui un dommage, oblige celui par la faute duquel il est arrivé à le réparer (art. 1382, Code civil.) L'assureur peut sans aucun doute invoquer ce principe contre l'auteur du sinistre, puisque, par la faute de celui-ci, elle a payé une indemnité qu'il n'aurait pas eu à payer sans cela. Cette opinion a été consacrée par un arrêt de cassation rendu par la Chambre civile le 22 décembre 1852.

Cependant l'assureur n'en a pas moins intérêt à obtenir la subrogation, parce qu'elle lui confère des droits plus étendus. En effet, quand il agit en vertu de l'article 1382, il ne peut plus invoquer la présomption légale établie par les articles 1733 et 1734 ; car l'article 1382 n'ouvre d'action qu'autant qu'il y aura eu faute de la part de celui qui aura occasionné le fait dommageable, et oblige, dès lors, le demandeur à prouver cette faute.

— Selon le droit commun l'indemnité ne se prescrirait que par trente ans, puisque l'article 432 du Code de commerce, comme nous l'avons démontré à propos de la prescription de la prime, ne saurait être étendu à la matière des assurances terrestres. Mais les compagnies d'assurances, stipulent dans leurs polices que l'assuré est déchu de toute action en paiement des dommages après un an (suivant certaines polices après six mois), à compter du jour du sinistre ou des dernières poursuites.

On ne peut douter de la validité de cette clause : elle n'a rien de contraire à la loi, et le législateur a permis de déroger, par des conventions privées, aux lois qui n'intéressent ni l'ordre public ni les bonnes mœurs (art. 6, Code civil. — Cour de Nancy, 25 juillet 1851; Cour de cassation, Chambre civile, 1er février 1853).

Un arrêt de la Cour de Nancy, en date du 30 mai 1856 et un autre de la Cour de Rouen rendu le 2 juillet 1869, ont décidé que cette prescription est interrompue par la nomination, faite par une compagnie, d'experts chargés d'estimer le dommage causé par un incendie.

CHAPITRE VIII.

DE L'ANNULATION DU CONTRAT D'ASSURANCE ET DES CAUSES DE DISSOLUTION DE CE CONTRAT.

Annulation. — Une assurance est nulle lorsqu'elle manque de l'un des éléments essentiels à son existence légale, c'est-à-dire si elle a été passée entre personnes incapables, si elle n'a pas porté sur un objet susceptible d'assurance, s'il n'y avait pas de risques, si aucune prime n'a été stipulée, si le consentement des parties a été vicié d'erreur, de violence ou de dol.

L'assurance est-elle nulle pour incapacité de l'assuré ? celui-ci a seul le droit de proposer la nullité. La nullité provient-elle du défaut de risque ou d'intérêt de l'assuré ? on distingue. Si les deux parties ont connu le vice du contrat, si elles ont su que la chose n'existait pas, ou qu'elle n'appartenait en rien à l'assuré, où si elles ont mis sciemment en risque des choses qui n'en étaient pas susceptibles, comme des profits espérés, le contrat est nul à l'égard de l'une et l'autre partie (Art. 1965, code civil). Dans le cas où l'assuré seul connaissait le défaut d'intérêt ou de risque, il ne peut se prévaloir de la nullité pour se soustraire à ses engagements envers l'assureur. Si les deux parties ont été également de bonne foi, elles sont également recevables à demander l'annulation ; seulement l'assureur a droit à une indemnité pour la perte qu'il éprouve de l'inexécution de l'assurance.

L'assurance est encore nulle, lorsque l'assuré ne fait point connaître à l'assureur toutes les circonstances qui peuvent influer sur l'opinion des risques (Art. 348, code de commerce). La cause de nullité provenant, dans ce cas, du fait de l'assuré, l'annulation ne peut être demandée que par l'assureur.

— Le contrat d'assurances se dissout par la résolution, la résiliation et l'extinction de la police. Nous allons examiner brièvement ces diverses causes de dissolution que, pour la plupart, nous avons déjà rencontrées.

Résolution. — Le contrat d'assurance étant un contrat synallagmatique, il est donc régi par l'article 1184 du Code civil. Aussi lorsque l'assuré ne paie pas la prime, ou lorsqu'il ne déclare pas les changements du risque survenus au cours de la police, ou enfin lorsque l'assureur se refuse au paiement de l'indemnité, il y a lieu à la résolution du contrat.

En cas de résolution de l'assurance, l'assureur, si la police ne s'expliquait pas sur ce point, ne serait pas tenu de rembourser les primes qu'il aurait touchées. C'est là une dérogation aux articles 1183 et 1184 du Code civil qui donnent à la condition résolutoire un effet rétroactif. Cette dérogation se justifie par la nature essentiellement aléatoire du contrat d'assurance, l'assureur ayant couru les risques jusqu'à la demande en résolution. C'est par la même raison que le défaut de paiement des arrérages d'une rente viagère n'autorise point celui en faveur de qui elle est constituée, à demander le remboursement du capital (Art. 1978, code civil.)

Du reste les compagnies stipulent ordinairement dans leurs polices que, si le contrat est résolu faute par l'assuré d'avoir rempli ses engagements, les primes échues leur seront acquises.

Résiliation. — Lorsque la chose assurée a éprouvé un sinistre, quelle que soit l'importance du dommage; lorsque l'assuré déclare une réassurance, une augmentation ou un changement du risque; lorsque l'assuré est l'auteur volontaire du sinistre éprouvé par les objets assurés; lorsque l'assuré déclare sa faillite, généralement les compagnies se réservent le droit de résilier l'assurance.

Nous pensons, contrairement à un arrêt de la Cour

de Toulouse, rendu le 18 novembre 1854, que la clause de résiliation en cas de faillite serait applicable au cas déconfiture de l'assuré, alors même que la police se tairait sur cette dernière hypothèse. Il y aurait lieu d'appliquer ici l'article 1156 du Code civil. On ne voit pas, en effet, la raison de la différence que l'on voudrait établir entre la faillite et la déconfiture dans l'hypothèse qui nous occupe. Du reste habituellement les compagnies, dans leurs polices, mentionnent expressément le cas de suspension de paiement et le cas de faillite.

Si la police était muette sur le cas de faillite ou de déconfiture, il faudrait appliquer, par identité de motifs, l'article 346 du Code de commerce, aux termes duquel l'assureur maritime, qui a traité avec l'individu tombé depuis en faillite, n'a le droit de résilier le contrat qu'à défaut d'obtenir caution. C'est du moins l'interprétation générale ; car, pris à la lettre, l'article 346 semble bien donner le choix entre une caution et la résiliation de la police.

L'assuré a le même droit en cas de faillite de l'assureur (Art. 346, code de commerce.) Mais n'est pas admissible la demande en résiliation fondée sur la crainte que l'assureur, alors qu'il est encore *in bonis*, ne puisse pas, en cas de sinistre, désintéresser l'assuré (Cour de Paris, 11 mai 1850).

Lorsqu'une compagnie d'assurances a été déclarée en faillite, le contrat est considéré comme subsistant si la résiliation n'en a pas été demandée par l'assuré. Toutefois il serait dérogé à cette règle au cas où la faillite de la Compagnie aurait été prononcée dans des circonstances pour lesquelles le décret d'autorisation ordonnait la dissolution de plein droit. En ce cas, l'assuré n'est pas tenu d'accepter sa réassurance à une autre compagnie effectuée sans son concours par la liquidation de la compagnie dissoute; et il peut, par suite, se refuser à la continuation du paiement de la prime (Cour de Paris, 5 février 1859). — L'assuré peut aussi, dans la police, s'être réservé le droit de résilier l'assurance après un certain laps de temps. A ce sujet il a été décidé que la déclaration d'une renonciation à une assurance mutuelle d'effets mobiliers et d'immeubles a pu être étendue à l'ensemble du contrat, quoiqu'elle ne spécifiât que l'assurance mobilière, si, des termes de cette renonciation, il résulte que l'assuré a voulu cesser toutes les relations que le contrat avait établies entre la société et lui (Cour de cassation, chambre des requêtes, 27 juin 1860).

13

Pour terminer sur ce point ajoutons que la résiliation de l'assurance, dans les cas où elle est permise à l'assuré, n'est subordonnée à une déclaration écrite que si une clause de la police l'exige. A la différence du cas où il est employé par la loi, le mot *signification* employé dans une police d'assurance n'implique même pas nécessairement qu'il s'agit d'une déclaration par exploit, ni même d'une simple déclaration écrite. (Cour d'Angers, 22 décembre 1864; Cour de cassation, chambre des requêtes, 23 février 1869).

Extinction. — La perte totale de la chose asurée entraîne toujours l'extinction de l'assurance, soit que cette perte arrive par un sinistre dont répond l'assureur, soit qu'elle arrive par toute autre cause. En effet, d'un côté le paiement de l'indemnité met fin au contrat, puisque l'assureur n'est pas et ne peut être soumis à aucune autre obligation; d'une autre côté, la perte de la chose rend l'assurance sans objet, puisque il n'y a plus de risques à courir. La reconstruction même de l'édifice assuré ne saurait faire revivre l'assurance, parce qu'elle n'aurait plus la même chose pour objet, et que le nouvel édifice peut d'ailleurs offrir plus ou moins de chances de sinistre, avoir plus ou moins de valeur que le premier.

— Le contrat d'assurance s'éteint encore par l'ex-

piration du terme qui a été fixé à sa durée, le terme
varie selon la nature des assurances. S'agit-il d'assurer le transport des marchandises ? l'assurance finit
quand elle sont arrivées à destination. S'agit-il de
récoltes ? l'assurance peut n'avoir lieu que pour la
récolte d'une année.

La dissolution de la compagnie devrait entraîner
nécessairement celle de l'assurance, puisque, dans ce
cas, il n'existe plus d'assureur. Mais les statuts obligent les liquidateurs à employer les fonds qui sont en
leurs mains au paiement des sinistres qui pourraient
survenir jusqu'à l'extinction de toutes les polices, de
sorte que l'assurance se continue ainsi jusqu'à ce que
les liquidateurs aient terminé leurs fonctions.

— En principe la tacite reconduction n'a pas lieu
en matière d'assurances ; cependant certaines compagnies stipulent que lorsque l'assuré ne fait pas connaître, par acte extrajudiciaire signifié, trois ou six
mois d'avance, au siége de la compagnie, s'il continue
ou s'il renonce à l'assurance, son silence emporte
continuation aux anciennes conditions. Il n'est pas
douteux que cette clause doit avoir été approuvée par
l'assuré. Si celui-ci ne l'a pas approuvée, il a été jugé
qu'il ne pourrait être contraint à continuer l'assurance,

quoiqu'il ait été stipulé dans des statuts postérieurs à son engagement mais non acceptés par lui, que les assurances expirées continueraient pour une année, à défaut par les assurés d'avoir manifesté une intention contraire (Cour d'Orléans, 13 août 1853). Et ce même arrêt décide qu'on ne peut pas admettre que l'article des anciens statuts, par lequel les assurés sont soumis aux modifications qui seraient jugées nécessaires, doive s'entendre de toutes les modifications qu'il plairait à la compagnie d'apporter. Un semblable article ne peut évidemment se rapporter qu'aux modifications de simple administration.

CHAPITRE IX.

DE LA COMPÉTENCE ET DE LA PROCÉDURE.

Nous avons dit plus haut (chapitre II et III) qu'à notre avis, le contrat d'assurance ne constitue jamais un acte de commerce de la part de l'assuré; qu'il en est cependant autrement de la part de l'assureur ; mais qu'en matière d'assurances mutuelles, ce contrat n'est commercial ni à l'égard de l'un ni à l'égard de l'autre, puisque les compagnies mutuelles forment des sociétés purement civiles.

Il suit de là que, dans les assurances à prime, les contestations élevées entre les associés appartiennent à la juridiction commerciale ; que les demandes formées contre les assurés doivent être portées devant les tribunaux ordinaires, tandis que l'assuré peut porter, soit devant les juges civils, soit devant les juges consulaires, les réclamations qu'il a à faire contre les assureurs (art. 631 et 632, Code de commerce ; tandis qu'en matière d'assurances mutuelles, quelles que soient les parties entre lesquelles s'agite le procès, la la compétence appartient exclusivement aux tribunaux civils.

Telles sont les distinctions qu'a faites la jurisprudence dans plusieurs arrêts que nous avons rapportés au chapitre II (voir pourtant au chapitre III l'arrêt de la Cour de cassation rendu le 24 janvier 1865 et les jugements du Tribunal civil de la Seine, rendus dans le même sens que cet arrêt.

— L'article 332 du Code de commerce porte que la police d'assurance maritime contiendra, entre autres stipulations, « la soumission des parties à des arbitres, en cas de contestations, si elle a été convenue. » Les polices d'assurances terrestres contiennent quelquefois cette clause d'arbitrage, et elles règlent alors le mode et les conditions de nomination des arbitres ; lorsque rien n'a été convenu à cet égard, on se conforme aux dispositions ordinaires du droit commun (art. 1003 et suivants, Code de procédure civile).

— L'action en paiement de la prime ou en paiement de l'indemnité est une action personnelle et mobilière. Or, aux termes de l'article 59 du Code de procédure civile, le défendeur doit être assigné devant le tribunal de son domicile, en matière purement personnelle et mobilière. Les compagnies d'assurances doivent donc être assignées devant le tribunal du lieu où elles sont établies. Mais il est de jurisprudence constante que, lorsque les statuts d'une société d'assurances portent que des succursales seront établies hors du lieu où siége la société, l'établissement de ces succursales vaut élection de domicile, et est, dès lors, attributif de juridiction au tribunal dans l'arrondissement duquel elles ont été créées, pour l'exécution des contrats passés avec les agents particuliers qui s'y trouvent attachés (Cour de cassation, chambre des requêtes, 30 décembre 1846 et 10 novembre 1852; chambre civile, 18 avril 1854; — Cour de Besançon, 4 février 1854). Toutefois, cette compétence exceptionnelle doit être restreinte aux contestations soulevées entre la compagnie et les assurés. Les agents de la compagnie doivent assigner celle-ci au siége de l'administration centrale. Et de ce que c'est au lieu de l'établissement de la succursale à laquelle il est attaché, que l'agent d'une compagnie d'assurances perçoit les remises à lui attribuées pour sa gestion, on ne peut pas prétendre qu'il y ait lieu à l'application de l'article 420 du Code de procédure civile. Cet article, qui déclare qu'en matière commerciale le lieu du paiement est attributif de juridiction, a eu pour but de faciliter les négociations et les transactions entre commerçants. Il est donc sans application possible à une demande fondée sur les rapports existants entre une société et son préposé (Cour de cassation, chambre des requêtes, 22 mai 1854).

POSITIONS.

DROIT ROMAIN.

I. — Lorsqu'une *res aliena* a été donnée en gage, et que, postérieurement, elle devient la propriété du constituant, l'action *hypothecaria utilis* ne sera pas donnée au créancier qui savait, lors de la constitution de gage, que le constituant n'était pas propriétaire.

II. — Lorsque le propriétaire d'une chose donnée en gage *a non domino* devient l'héritier du constituant, il est soumis à l'action *hypothecaria utilis*.

III. — Une *res litigiosa* ne peut être donnée en gage que par le défendeur en possession.

IV. — La décision d'Ulpien rapportée par la loi 11, § 4, au Digeste *De pigneratitia actione vel contra*, se réfère à l'ancien système de l'aliénation avec fiducie.

V. — Lorsque la vente de la chose donnée en gage a produit un prix supérieur au montant de la créance, le créancier gagiste qui a touché cet excédant, n'en doit les intérêts que s'il l'a employé à son profit.

VI. — Le créancier gagiste, tenu de l'action *pigneratitia directa*, répond de sa faute légère considérée *in abstracto*.

VII. — La *lex commissoria* n'était pas prohibée dans le droit antérieur à celui des constitutions impériales.

VIII. — L'action *in rem utilis* a été donnée au preneur de l'*ager vectigalis*, avant d'être accordée au superficiaire.

CODE CIVIL.

I. — Les billets de primes, que les compagnies d'assurances faisaient autrefois souscrire aux assurés, n'opèrent pas novation.

II. — La prime qui, aux termes d'une police d'assurance, est *portable*, devient *quérable*, si l'assureur est dans l'usage de le faire toucher au domicile de l'assuré.

III. — La créance de la prime d'assurance terrestre n'est pas privilégiée.

IV. — En cas d'incendie, l'assuré ne peut être déchu du droit à l'indemnité, s'il n'a pas employé tous les moyens qui sont en son pouvoir pour arrêter les progrès du feu et pour sauver les objets assurés.

V. — Les créanciers hypothécaires ne conservent pas leur droit de préférence sur l'indemnité payée par l'assureur, en cas d'incendie de l'immeuble hypothéqué.

VI. — Dans le cas d'incendie d'un immeuble loué, l'indemnité due au locataire par l'assureur des risques locatifs est affectée exclusivement au propriétaire envers lequel le locataire a déclaré responsable de l'incendie.

VII. — Par le paiement de l'indemnité, l'assureur n'est pas légalement subrogé aux droits et actions de l'assuré contre ceux qui, à un titre quelconque, sont responsables du sinistre.

VIII. — Est valable la subrogation conventionnelle promise à l'avance par l'assuré dans la police, ou consentie par lui dans la quittance d'indemnité.

DROIT COMMERCIAL.

I. — Le commerçant qui assure les objets de son commerce, ne fait pas un acte de commerce.

II.—L'écrit, dont il est question dans l'article 332 du Code de commerce, est exigé comme moyen de preuve et non comme condition de l'existence du contrat d'assurance.

DROIT PÉNAL.

I.—Aucune loi pénale n'interdit le duel.

II. — Le complice du suicide ne tombe pas sous l'application de la loi.

DROIT DES GENS.

I. — On peut assurer en France des marchandises destinées à un commerce de contrebande chez l'étranger.

II. — En matière d'assurances terrestres, les sujets de deux nations en état de guerre peuvent être, les uns à l'égard des autres, assureurs et assurés.

HISTOIRE DU DROIT.

Le passage tiré du livre VI, § 19, des *Commentaires de César* n'établit pas que la communauté de biens existait chez les Gaulois.

Vu par le Président de la thèse,
F. RATAUD.

Vu par le Doyen de la Faculté,
COLMET-D'AAGE.

VU ET PERMIS D'IMPRIMER :
Le Vice-Recteur de l'Académie de Paris,
A. MOURIER.

———

6698 — Douai. Imprimerie L. Crépin, rue de la Madeleine, 23.

IMP. DE L. CRÉPIN, A DOUAI.